페이스 코드

외모 자존감을 높이는 거울 심리학

FACE CODE

페이스 코드

· 박상훈 지음 ·

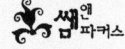
쌤앤파커스

외면의 아름다움보다 내면의 아름다움이 중요하다고 하지만, 이는 외모로 고통받는 사람 마음을 모르고 하는 소리다. 오늘날 외모에 대한 결핍은 불안장애를 넘어 우울장애까지 불러오니 마냥 방치할 문제가 아니다. 중요한 건 나를 아는 것이다. 외모를 대하는 나의 성향과 태도를 이해하면 고민했던 만사가 풀린다. 그래서 《페이스 코드》가 반갑다. 외모에 대한 이유 모를 불만을 떨쳐내기 힘든 사람들에게, 이 책은 자기 외모와 자기 자신을 사랑할 힘을 선물할 것이다.

주연호, 서울아산병원 정신건강의학과 교수

우리는 왜 아름다움에 끌리고, 집착하고, 투자하는가? 그건 기본적인 개인의 '욕망'에서 비롯된다고 미학에서는 말한다. 《페이스 코드》는 바로 이 지점을 깊숙이 파고들어 내가 왜 나와 타인의 외모에 민감하게, 혹은 둔감하게 반응하는지를, 나도 모르던 내 욕망을 파악해 친절하게 설명해준다. 릭 루빈이 "아름다움은 보는 사람의 눈에 있다."라고 강조한 것처럼 이 책에서는 세상이 규정한 '정상성'이나 획일적 미의 기준을 따르라고 하지 않는다. 오히려 나만의 미적 코드를 인식하고 그것을 자기 확신으로 전환하는 과정을 안내한다.

자신의 외모를 보다 주체적으로 이해하고, 비교에서 자유로워지고, 자기만의 매력을 재발견하고자 하는 사람들에게 이 책을 적극적으로 추천한다. 이 책이 대한민국 최고의 성형외과 의사가 쓴 책이라는 것이 믿기지 않는다. 누가 봐도 아름답게 만들어준다고 말해야 할 성형외과 의사가 어쩌면 그의 이익과 반하는 주관적 미와 외모 주체성을 강조하기는 쉽지 않기 때문이다. 그래서 이 책은 더 큰 신뢰가 간다!

조창환, 연세대학교 언론홍보영상학부 교수

사람의 얼굴에는 이미지가 있다.《페이스 코드》는 얼굴을 꾸미는 방식을 넘어 얼굴의 이미지가 어떻게 만들어지는지 생각하게 하는 책이다. 표정이 생겨나는 이유를 이해하는 일이 더 본질적이라는 사실을 깨달았다. 표정은 단지 외형의 문제가 아니라, 관계 속에서 형성되는 태도와 내면의 흐름이라는 메시지가 깊게 남았다. 링컨은 "나이 마흔이 넘으면 자기 얼굴에 책임을 져야 한다."고 했다. 어떤 이는 얼굴이 이력서라고도 한다. 이 책은 사람의 얼굴에 담긴 마음을 이해하고 싶은 모든 이에게 길잡이가 되어줄 소중한 관찰 보고서다.

김종립, 전 HSAD 대표

《페이스 코드》는 외모를 다루지만, 외모를 고치라는 조언도, 외모 집착을 꾸짖는 질책도 선택하지 않는다. 저자는 사람들이 얼굴을 이야기할 때 실제로는 불안, 비교, 자존감 같은 감정이 먼저 작동한다는 점을 설명한다. 우리가 똑같은 얼굴을 보고도 상황에 따라 예쁘다, 밉다, 아름답다, 때로는 못생겼다고 느끼는 것은 내면의 감정이 얼굴을 해석하는 방식에 영향을 미치기 때문이다.

이 책은 자신을 바라보는 시선이 어떻게 감정과 태도를 만들고, 그 결과가 다시 얼굴에 드러나는지를 설명한다. 그리고 얼굴을 통해 마음을 이해하자고 제안한다. 외모에 많은 관심을 두는 사람에게는 자신의 감정 패턴을 점검할 기회를, 외모에 무심한 사람에게는 삶의 균형을 확장할 여지를 제공한다.

조동찬, 전 SBS 의학 전문기자

거울 속의 나는 왜 낯선 걸까?

눈코입은 기본이고 가슴, 골반, 성기까지 현대 성형수술의 종류와 범위는 상상을 초월한다. 그야말로 모든 것을 원하는 대로 만들거나 바꿀 수 있는 기술이 눈부시게 발전한 덕분이다. 그리고 외모에 관한 대중의 관심이 점점 더 치열해지고, 지식과 정보의 수준이 높아졌기 때문이다. 누군가는 '외모지상주의lookism' 시대라고 꼬집기도 하지만, 개성과 다양성이 증가하고 어느 분야든 골고루 혼란스러운 시대이니만큼 한쪽만 크게 부푼 위태로운 풍선의 모습은 아닌 것 같다.

내가 성형외과 의사로 일해온 지난 30년을 돌아보면, 한국에서는 10~20여 년 전 성형 광풍이 이미 한차례 지나갔다(일본, 한국에 이어 중국, 태국, 베트남 등에 차례로 성형 붐이 번져나가는 것을 보면, 어느 정도는 경제발전의 수준과 연관이 있는 듯하다). 성형 광풍을 몸살처럼 앓고 난 한국 사람들은 몸도 마음도 가벼워지고 편안해졌다. 성형 선진국으로서 기술 수준만큼이나 환자들의 분별력이나 가치관 역시 한층 성숙해졌으며, 과거처럼 공장에서 찍어내듯 똑같은 얼굴로 수술하는 경우도 이제는 거의 찾아볼 수 없다.

요즘은 자신의 개성과 외모의 장단점을 정확히 파악한 지혜로운 소비자들이 병원을 찾는다. 간단한 시술로 극적인 효과를 거둔 경험들을 이미 많이 해본 터라 성형외과의 문턱 자체가 한결 낮아지고 편안해졌다. 긍정적인 변화라고 생각한다.

1만 건의 수술 끝에 깨달은 것

성형외과 의사가 다른 과에 비해 어려운 점이 하나 있다. 일반적으로 의사는 진료하고 나면 잘했는지 못했는지를 다른 의사에게 객관적으로 판단받을 수 있다. 하지만 성형외과는 환자 본인의 만족 여부가 가장 중요하다. 의사가 수술을 잘했다고 생각해도 환자가 아니라면 도리가 없다. 환자가 행복하지 않다고 하면 잘된 수술이 아닌 것이다. 물론 반대의 경우도 있다. 의사 입장에서 약간 아쉬운 점이 있어도 환자가 대단히 만족하면 그 수술은 잘된 수술이다.

그렇다면 환자들은 어떤 결과를 얻어야 만족하고 행복해질까? 예뻐지면 무조건 행복해질까(참고로 '예쁘다'의 그 복잡미묘한 정의와 기준에 대해서는 뒤에서 자세히 살펴보자)? 달라진 외모에 계속 만족하며 살 수 있을까?

내가 만나는 사람들, 즉 성형외과를 찾는 사람들은 대체로 현재의 외모에 만족하지 않는 사람들이다. 물론 직업인으로서의 소명감을 단단히 붙잡고 환자들을 만나지만, 개인적으로 환자의 고통이 깊이 공감되는 경우, 큰 문제가 없어 보이는데 왜 이렇게까지 힘들어할까 싶은 경우도 있다. "성형외과 의사들은 절반쯤 정신과 의사가 되어야 한다."는 우스갯소리는 결코 과장이 아니다. 외과 의사로서 나는 그들을 예쁘게 만들어줄 수 있는데, 행복하게까지 만들 수 있는가는 여전히 의문이다.

어쩌면 그러한 의문에 답을 찾고자 지난 5년간 이런 실험과 시도를 했는지도 모르겠다. 나는 1만 건 이상의 수술 케이스를 직접 집도하거나 지켜보면서 자연스럽게 환자를 나름의 기준으로 분류했다. 아마 성형외과 의사에게는 대부분 자기만의 분류 기준이 있을 것이다. 그러한 긴 시간의 분류와 관찰에서 출발한 것이 '페이스 코드 Face Code'다.

똑같은 수술 결과가 나왔을 때, 어떤 환자들이 수술 후 만족도가 더 높고 더 많이 행복해할까? 수술 후의 삶이 더 편안해지고 밝아지며 가벼워지는 사람들은 어떤 사람들일까? 외모 콤플렉스 없이 자존감을 단단히 세우고, 잘생겼든 못생겼든 자신의 외모를 즐기면서 행복하게 사는 사람은 대체 어떤 사람들일까?

겉으로는 외모에 관심 없는 척하지만 거울을 볼 때마다 자존감을 갉아먹고 일상을 무너지게 하는 어떤 부분을, 그저 외면하고 살면 마음이 편해질까? 외모 때문에 괴로운 사람은 어떤 사람이고, 외모로부터 자유롭고 행복한 사람들은 어떤 사람들인가? 이런 궁금증을 해소하기 위해 외모에 대한 인식, 가치관, 감정, 태도, 행동을 살펴보고 분석했다.

외모로 행복해질 수 있을까?

나는 의대 교수 시절에 10여 년간 선천성 안면기형 환자들의 얼굴 뼈 수술을 했다. 성인이 된 후에 불의의 사고나 참변으로 크게 다친 환자들의 얼굴을 원래대로 되돌리는 수술도 했다. 참

담하고 어려운 케이스가 대부분이었지만, 환자들이 회복 후에 진심으로 행복해하는 모습을 보면 나 역시 너무나 기쁘고 뿌듯했다. 그래서 나는 여전히 사람들이 '외모를 즐기고, 외모로 행복해지도록' 돕는 것을 일종의 사명처럼 마음속에 간직하며 살아왔다.

그런데 전 세계 어디를 가봐도 한국처럼 외모 평가에 냉혹한 나라는 없는 것 같다. 자신의 외모는 물론 남의 외모에도 지나치게 관심이 많은 이 나라에서, 이 지독한 완벽주의자들이 정말 '외모로 행복해질' 수 있을까? 성형 광풍이 몰아친 20년 전에도 그랬지만, 지금도 한국인이 느끼는 외모 스트레스는 결코 사소하지 않다. 개인이 간단히 무시할 수 없을 만큼 사회적 압박이 크다는 뜻이다. 그래서 성형외과에서 오래 일하다 보면 충격적이고 극단적인 사례도 꽤 자주 목도한다.

"행복한 가정은 모두 비슷하게 닮았지만 불행한 가정은 저마다의 이유로 불행하다." 톨스토이의 소설 《안나 카레니나》의 유명한 첫 문장이다. 우리가 외모로 느끼는 기쁨과 슬픔도 마찬가지 아닐까? 내가 이 책을 통해 '페이스 코드'를 알리려는 목적은 저마다 가진 불행과 슬픔의 이유를 살펴보고, 거기서 벗어날 수 있도록 도울 뿐만 아니라 오히려 그것을 지렛대 삼아 독자 여러분의 내적, 외적 자존감을 높여주고자 함이다. 이미 매력적인 독자 여러분의 외모에 마지막 화룡점정을 찾아보자는 것이다. 그 점 하나를 찍을 곳이 외면일지 내면일지는 각자의 사정에 따라 다를 것이다.

결과적으로 이 탐구의 목적은 매일 아침 거울을 볼 때마다 자신감 넘치는 근사한 자신과 마주하고 충만한 기쁨을 느끼는 것, 가장 예쁘고 젊은 오늘의 나를 데리고 소중한 하루를 활기차고 행복하게 보내는 것, 즉 외모로 행복해지는 것이다.

차 례

Part 1
페이스 코드, 거울 볼 때마다
행복해지는 사람들의 비밀

Part 2
16가지 페이스 코드로
알아보는 나의 매력

Part 3
페이스 코드로 읽는 외모와 심리 지도

K유형, 예민함과 과잉의 경계 ─────────── 172

B유형, 무심하지만 쉽게 흔들리는 본심 ─────── 182

나를 더 사랑하게 만드는 지도 ──────────── 193

Part 4
수용과 연결,
외모로 행복해지기

FQ가 알려주는 내 마음 상태 ──────────── 203

FACE

Part 1

페이스 코드,
거울 볼 때마다 행복해지는
사람들의 비밀

CODE

코끼리를
길들이는 법

"코끼리에 대해 생각하지 마라."는 심리학에서 마음의 작용을 설명할 때 자주 인용하는 문구다. 코끼리를 생각하지 않으려고 애쓰면 쓸수록 더욱 생각하게 된다는 이야기다. '코끼리'라는 단어를 듣는 동시에 이미 우리 마음속에는 코끼리가 들어오고, 어떤 형태로든 코끼리라는 '프레임'이 자리 잡는다. 돈에 대한 인식이나 외모에 대한 인식도 비슷하다.

여러분 주위에서 2가지 외침이 동시에 들려온다. "외모에 대해서 생각해!" 그리고 "외모에 대해서 생각하지 마!" 여러분이 외모에 대해 어떤 반응을 하든 하지 않든, 이미 여러분의 마음속에는 '외모 코끼리'가 들어왔다. 이 코끼리를 생각하지 않을 방법은 2가지다. 첫 번째는 마음속 코끼리를 여러분이 원하는 코끼리로 길들이는 것이고, 두 번째는 코끼리를 내보내고 기린이나 비행기를 들이는 것이다.

외모에 관한 1087가지 번뇌

A는 어릴 때부터 유난히 외모에 관심이 많았다. 초등학교에 들어가기 전부터 마이크만 잡으면 노래하며 몸을 흔드는 아이였다. 이후 어느 유명 걸그룹의 열성 팬이 되었고, 마침내 그 걸그룹 멤버와 똑같은 얼굴로 만들어달라고 나를 찾아왔다.

조용하고 내향적인 성격의 B는 어머니가 가출한 이후에 아버지로부터 외모 지적을 심하게 받아왔다. 아버지는 B만 보면 아내가 생각난다며 화를 냈고, 그 상황을 견디지 못한 B는 성형수술을 결심했다.

C는 두바이 상담회에서 만난 무슬림 여성이었다. 알다시피 무슬림 여성은 공공장소에서 차도르를 벗을 수 없기 때문에(특히 가족 이외의 남성 앞에서는 절대 금지) 호텔의 별실에서 다른 여성 5명과 함께 기다리고 있었다(특별히 마련된 별실은 율법적으로 문제가 없다고 했다). 차도르를 벗자 진한 화장을 한 C의 얼굴이

드러났다. 가슴골이 깊이 파진 꽃무늬 샤넬 드레스를 입고 있었다. 그녀는 코를 높이고, 처진 가슴을 올리고, 외음부 수술을 원한다고 말했다. 그녀는 자신이 '5-0-0-5'라고 했다. 5명의 아기를 유산 없이 출산했다는 기호다. 자신은 남편의 세 부인 중 첫번째인데 남편이 자신을 더 사랑해주길 원해서 수술하고 싶다는 이야기를 서슴없이 했다.

한편 외모에 관심을 갖는 게 즐겁고 편안한 사람도 있지만 불편하고 싫은 사람도 있다. D는 친구들과 이야기하다가 외모 얘기가 나오면 자기도 모르게 불편한 마음이 들어서 자리를 피한다.

A는 자신이 좋아하는 외모를 가지기 위해서 적극적으로 수술을 선택했다. 반면 B는 자신의 의지라기보다는 환경적인 이유(아버지의 구박)로 어쩔 수 없이 하게 되었다. 그리고 C는 다른 아내들과의 경쟁에서 이기기 위해, 즉 자신보다는 남편의 만족도를 높이는 수술을 결심했다. D는 외모에 대한 관심 자체가 불편하다. 저마다 얼굴 생김새가 다르듯이 기질도, 경험도, 상황도 이처럼 다양하다. 외모에 대한 인식, 성형수술을 하려는 이유 역시 개인마다 복잡다단한데, 한 가지 잣대로 'A는 이런데 B는 왜 그럴까?' 하고 판단할 수는 없다.

한편 직업적인 이유, 즉 대중 앞에 서는 직업을 가진 분들은 고민이 조금 다르다. 당연히 외모에 관심도 크고 수술에 더 적극적이다. 대표적으로는 가수, 배우 같은 연예인, 아나운서, 소위 '일타 강사' 선생님 등이다. 성형외과 의사로 오래 일하다 보니 외모가 중요한 직군의 변천도 어렴풋이 가늠하게 되었는데, 예를 들어 1990~2000년대까지는 승무원 지망생, 아나운서 지망생이 많았다면, 2010년대는 뮤지컬 배우, 인강(인터넷 강의) 선생님이 많았다(물론 내 개인적인 추측일 뿐 일반화할 수는 없다). 2020년대에는 유튜버, BJ, 트로트 가수 지망생 등으로 옮겨왔다. 특이한 점은 여성 판검사나 성직자, 종교인 등 과거에는 성형수술에 큰 관심이 없을 거라고 생각했던 직업군의 환자들이 늘어났다는 것이다. 이전에는 성형이 비집고 들어가지 못했던 성역이 무너져 직업군이 한층 더 넓고 다양해졌다.

의사는 환자의 목적을 구체적으로 파악하고, 그 목적과 요구에 맞는 적당한 수술을 권한다. 예를 들어, 모두가 예쁘다며 부러워하는 영화배우 E는 연기할 때 웃는 모습이 어색하다는 카메라 감독의 말이 마음에 걸려서 병원을 찾았다. 웃는 모습을 자연스럽게 만드는 것이 목적인 셈이다. 또 국적기 항공사 승무원 시험을 목표로 한다는 F는 그 항공사가 선호하는 얼굴형으로 수술하길 원했다(우리나라 항공사는 쪽머리가 잘 어울리는 얼굴형을 선호한다). 비슷하게 아나운서 지망생은 자신이 지원하는 방송사가 선호하는 얼굴에 대해 자세히 파악한 후 병원을 찾는다. 설마 그럴까 싶겠지만, 수술 후 합격률이 높아지는 것은 외면할 수 없는 사실이다.

사회적 지위 상승이라는 내밀한 목적

"매력이란 무엇인가?"라는 주제는 수천 권의 책으로도 다 담을 수 없는, 우주만큼이나 광대한 주제다. 매력의 여러 구성 요소 중 하나인 외모에 한정한다면, 외모는 상당히 중요하다. 동서고금을 막론하고 그래왔다. 동식물조차도 겉모습으로 생존과 번영이 좌우된다. 그러니 호모 사피엔스가 외모에 지대한 관심을 기울이는 것은 너무나 당연하고, 비단 어제오늘의 일이 아니었다. '외모지상주의'에 대한 비판은 근대에도, 심지어 중세에도 있었다.

소크라테스는 "외모의 아름다움이 내면의 선과 미덕의 표현"이라며 칼로카가티아^{kalokagathia}라는 표현을 썼다. '아름답다 kalos'와 '선하다^{agathos}'의 합성어다. 그리고 중세에는 미의 기준을 영적인 기준으로 보기도 했는데, 외모가 사회적 지위를 반영한다고 생각했다(예를 들어 하얀 피부는 일하지 않는 귀족이라는 의미). 그리고 르네상스 이후 부르주아 계급이 등장하면서 아름다움에 대한 동경과 추구는 대중화되기 시작했다(그 시절에는 초상화 그리기가 대유행이었는데, 요즘의 셀피 열풍과 비슷하다).

이후 산업사회가 되어 대량생산이 가능해지자 상품들은 더 대중화되었고, 19세기부터는 본격적인 미용의 상품화가 시작된다. 피부 색깔이나 특정 민족의 외모적 특징으로 사람을 분류하고, 이것으로 종의 우열을 가릴 수 있다는 위험천만한 생각도 했다.

이처럼 시대에 따라 '외모'에 관한 대중의 반응과 지향은 경제적·기술적·사회적 영향을 받으면서 변화했다. 그리고 시대적 지향에 따라 외모를 바꾸려는 노력도 지속되었다. 이러한 노력으로 얻고자 한 것은 결국 사회적·경제적·계급적 지위 상승이었다.

어쩌면 미의 대중화와 상품화가 '신분 상승'이라는 개인의 내적 욕망과 맞닿으면서 외모에 대한 이중적인 태도가 생겨나고 심화된 것이 아닐까? 예를 들어 유교적 사회질서가 흐릿해졌다고는 하지만 여전히 '동방예의지국'인 우리나라에서도 미용 목적의 성기 수술이 흔히 이루어지고 있다. 겉으로는 질색팔색하는 사람도 속사정은 다를 수 있다는 말이다. 한 사회가 어떠한 가치에 대해 이중적일 때 그 사회의 구성원은 일상생활에서 큰 혼란을 느낀다. 개인적으로는 자신의 바디 이미지와 정체성에 혼란을 겪을 수 있고, 사회적으로는 교육, 문화 등 여러 분야에서 모순적인 시스템이 작동할 수 있다.

또 한편에서는 외모에 대한 중시와 경시가 치열하게 싸우는 중이다. 외모지상주의를 추종하는 이들도 있고, 그들을 맹렬하게 비난하는 사람들도 존재한다. 2015년 tvN의 메이크오버 프로그램 '렛미인'은 여성단체들의 제작 중단 요구로 폐지되었다(대한성형외과의사회 역시 외모로 인한 차별과 혐오를 조장할 수 있다는 여성단체들의 의견에 동의하는 성명을 발표했다). 그 후로도 'MAKE미남', 'MAKE ME Girl' 등 외모를 바꿔주는 방송 프로그램들이 계속 제작되고 있지만, 여전히 비난과 논란은 가라앉지 않는다. 여러분은 어떤가? 한 손으로는 외모지상주의를 조장하는 프로그램을 폐지하라는 서명운동에 동참하면서도 다른 한 손으로 '강남언니' 앱을 검색하며 병원을 찾고 있지는 않은가? 대부분의 사회 문제들처럼 외모에 대한 가치관과 태도 역시 양극화를 넘어 다극화되는 중이다.

거시적인 문제는 뒤로하고, 개인이 일상에서 외모 때문에 불편과 불안과 고통을 느끼는 포인트는 무엇일까? 실제로 외모가 아닌 근본적인 이유가 따로 있는 것 아닐까? SNS를 열어보면 나만 빼고 전 국민이 다 예쁘고 잘생겨서일까? 아니면 어릴 적부터 가족으로부터 들어온 외모 지적이 마음속에 가시처럼 박혀서 평생 괴로운가?

심리학자들은 '행복은 강도가 아니라 빈도'라고 말한다. 행복을 자주 느끼는 것은 소소한 자기만족에서 시작된다(그렇다면 불행도 똑같지 않을까?). 여기서 말하는 자기만족은 나르시시스트의 유약함이 아니다. 궁핍과 위험에서 벗어나 자신이 완성되는 느낌이다. 이는 자신의 외모가 본연의 모습과 일치되었다는 인식에서 출발한다. 이를 느끼는 사람들은 혼란 속에서도 꿋꿋하고 주위의 시선으로부터도 자유롭다.

그래서 그런지 자기계발서부터 가전제품의 영역에 이르기까지 '나답게 사는 게 행복'이라는 광고문구가 넘친다. '나는 누구인가?', '나다운 것은 무엇인가?'라는 물음에 해답을 찾는 것이 마치 시대적 소명처럼 느껴질 정도다. 그렇다면 내가 누구인지를 알면 외모 스트레스로부터 벗어날 수 있을까? 타고난 외모에 만족하며 행복하게 살 수 있을까? 이것 역시 복합적이고 다양한 개개인의 사정에 따라 답이 달라질 것이다. 어쨌든 우리는 모두 외모 코끼리를 내보내든지, 길들이든지 둘 중 하나를 선택해야 마음의 번뇌와 고통을 끊어낼 수 있다.

외모에 대한
'메타 인지'가 있는가?

인간이 자신의 얼굴을 인지하는 시기는 생각보다 늦은 7세 전후다. 그보다 어린아이들은 얼굴에 기형이 있거나 피부색이 달라도 잘 느끼지 못하며, 또래끼리도 이것을 가지고 차별하지 않는다. 사회성이 생기는 시기 이후부터 얼굴에 대한 인식이 형성되는 것이다. 취학 후 나름의 사회생활을 시작한 아이들은 가족이나 선생님, 또래 집단의 영향을 받으며 외모에 대한 가치관을 형성해간다.

요즘 아이들은 유튜브나 틱톡, 인스타그램 같은 소셜미디어의 영향도 크게 받고 자라서 중고등학교 시절이 되면 본격적으로 외모에 대한 고민이 깊어진다. 색조 화장도 이미 시작한다.

여드름이 나고 2차 성징이 드러나는 몸의 변화를 겪는 시기이니 외모에 관심이 커지는 것은 당연한 일이다. 예뻐야(잘생겨야) 성공하는 걸까? 예뻐지면(잘생겨지면) 친구가 많아질까? 이성친구를 사귀려면 외모가 중요하겠지? 이런 고민을 집중적으로 하는 시기다.

그렇게 질풍노도의 시간을 보내고 드디어 20대가 된다. 정신적·신체적으로 10대 때보다는 약간 더 성숙한 상태이긴 하지만, 외모에 대한 고민이 크게 줄어들지는 않는다. 이성적으로는 외모지상주의를 비판하다가도 거울을 보면서 '코를 좀 높이면 훨씬 좋을 텐데…' 하고 고민한다. 그런 이중적인 자신에게 혼란을 느끼기도 한다.

세계적인 성형 강국 코리아의 아이들

한국은 자타공인 세계적인 성형 강국이다. 2020년 통계로 인구 1,000명 당 8.9명이 성형수술을 경험했다(특히 서울에 거주하는 여성은 4명 중 1명이 1회 이상 경험했다고 추정한다). 2013년 국제미용성형수술협회ISAPS의 보고에 따르면 인구 1만 명당 시술 건수 131명으로 세계 1위였다. 10년 전 데이터이긴 하지만,

당시 한국인들이 가장 많이 받은 미용성형은 보톡스 시술(14만 6,000건), 필러(9만 건), 레이저 제모(5만 3,000건), 지방 흡입 수술(5만 1,000건), 가슴 확대 수술(3만 5,000건), 코 수술(3만 2,000건) 순이었다.[1]

성형 산업의 시장 규모도 대단하다. 미국의 투자전문매체 〈인사이더 몽키〉에서 발표한 바에 따르면, 한국의 성형 시장은 2018년에 107억 달러(14조 3,000억 원)로 세계 성형 시장의 25%를 차지했다. 2022년에는 약 4만 6,300명의 외국인이 '성형 관광'을 위해 한국을 방문했다고 한다.

실제로 우리 병원 역시 외국인 환자가 40%를 차지할 정도다. 그중 태국인과 일본인 환자들은 특정 부위가 아니라 얼굴 전체를 '알아서 예쁘게' 해달라며 맡기는 경우가 많다. 흔히 '오마카세(일식집의 주방장 특선 요리) 성형'이라고 부른다. 굳이 구분하자면 일본인 환자들은 그만큼 병원과 의사를 신뢰하는 쪽에, 태국인 환자들은 '아, 나는 잘 모르겠으니 전문가가 알아서 잘해주세요.' 쪽에 가깝다. 물론 의사를 그만큼 신뢰하는 것은 고마운 일이지만 환자 자신의 지향이나 욕구를 구체적으로 이야기하지 않고 그냥(?) 맡기는 것은 상당히 위험한 일이다. 여담이지만 내가 만난 일본인 환자들은 대부분 예쁜 얼굴보다 귀여운 얼굴을 선호했다. 또 하나 일본인 환자가 신신당부하는 점은 "수술한 것을 아무도 못 알아보게 해달라."였다. 반면 중국인 환자들은 대부분 180도 달라진 모습을 선호한다.

한국인 환자들은 어떨까? 알아서 잘해달라는 환자들도 간혹 있지만, 대부분은 굉장히 구체적인 분석을 마친 상태로 의사를 만난다. MBTI나 퍼스널컬러의 유행 때문인지, 특히 어린 환자들은 얼굴의 장단점을 상당히 자세하게 파악하고 있고 원하는 것 역시 구체적이다(스마트폰 사진 필터 앱으로 자신이 가장 좋아하는 자신의 얼굴 이미지를 만들어서 가져온다). 물론 정보가 많다고 해서 '메타 인지'가 발달한 것은 아니다.

싸우지 말고 휘둘리지도 말고

살아가면서 우리는 남에게 상처를 주기도 하고 받기도 한다. 인간관계가 대체로 그렇다. 그런데 그 인간관계 트러블 중에 외모와 관련된 주제가 꽤 많다. 어린 시절에 외모 때문에 불리게 된 별명이 너무 싫었다든가, 나만 가진 어떤 유별난 외모적 특징 때문에 가족 사이에서 소외되거나 놀림받았을 수 있다. 외모 코끼리를 본격적으로 분석하기 전에 다음과 같은 질문에 대해 생각해보며 준비운동해보자.

1. 나의 외모로 가장 큰 상처를 받은 일은 무엇이었나?

2. 살면서 외모 때문에 굴욕적인 사건이나 순간이 있었나?

3. 주위 사람들이 내 외모에 대해 수군거리는 것을 보았거나 외모에 대해 지적당하는 느낌을 받은 적이 있나?

4. 누군가와 외모를 비교당한 경험이 있나?

5. 내 외모가 그저 편안하지만은 않은가?

6. 내가 가장 예뻤을 때는 언제인가? 왜 그렇게 생각하나?

7. 지금 나의 외모에 어떤 감정을 느끼는가? 아래 키워드 중에서 골라보자.

#걱정 #두려움 #짜증 #괴로움 #고민 #신경 쓰임 #쇼크 #무관심 #그저 그럼 #우울 #당황 #흥분 #갈등 #행복 #만족 #편안 #혼란 #부러움

이 질문들에 대해 생각하다 보면 여러분이 진정으로 원하는 것이 조금 드러날 수 있다. 내가 원하는 것은 무엇일까? 단지 외모의 변화일까? 아니면 외모의 변화를 통해 성취하고 싶은 다른 무언가가 있는가?

외모에 관한 한 '완벽한 만족'은 없다. 대부분 자신의 외모에 100% 만족하며 살지 않는다. 그래서 다음의 질문은 중요하다. 내가 갖고 싶은 것, 진정으로 원하는 것은 무엇일까? 그것을 정확히 알고 있다고 해도 실행력이 있냐 없냐에 따라서 달라진다.

귀찮아서 혹은 용기가 없어서 불만족스러운 상황을 바꾸지 않고 살아가는 것이다.

사람들은 대부분 자기 마음속에 있는 외모 코끼리를 잘 모른다. 그저 그들과 싸우거나 휘둘릴 뿐이다. 따라서 한 걸음 밖으로 나와서 전체를 살펴보는 연습이 필요하다. 이것이 '메타 인지'다. 나는 환자들의 이야기를 듣는 과정에서 그들의 외모 코끼리를 느끼고 판단한다. 심각한 경우도 있고, 자연스러운 경우도 있고, 기특한 경우도 있고, 감탄스러운 경우도 있다.

나는 나의 외모에 대해 얼마나 잘 알고 있으며, 어떠한 태도를 가지고 있을까? 끝나지 않는 이 불편한 싸움에서 벗어나 나 자신을 돌아보며 '외모에 대한 메타 인지'를 개발하는 것이 중요하다. 타고난 기질과 외모에 대한 나의 생각을 살펴보고 감정을 정리하다 보면, 스스로를 이해하는 첫걸음을 내디딜 수 있다. 어떻게 변화하고 싶은지에 대한 고민도 좀 더 구체적으로 해보면, 어떻게 나 자신을 찾아가야 할지도 방법이 보인다.

이 책에 페이스 코드를 진단할 수 있는 QR코드(49쪽)와 테스트 문항 전문(74쪽)이 수록되어 있다. 자신에 대해 더 자세히 알고 싶은 독자에게 큰 도움이 될 것이다.

예뻐지면
행복해질까?

우리 병원에서는 환자가 처음 내원할 때 담당 의사가 PMTLC라는 것을 작성한다. 환자가 문제에 대해 심각하게 느끼고 있는지 problem, 금전적money, 시간적time 여유가 있는지, 병원이나 의사에 대한 신뢰가 있는지loyalty, 성격이 어떤지를character 파악하는 간단한 분류다. 의사 입장의 기준이라서 협진 등 내부 커뮤니케이션 용도로만 사용한다. 이 5가지 척도 중에서 환자의 성격, 성향에 관한 부분이 페이스 코드와 관련이 있다. 과연 이 환자는 예뻐지면 행복해질까? 그 부분에 대한 자료다.

바로 앞 장에서 외모에 대한 메타 인지를 기르기 위한 준비운동으로 몇 가지 질문에 대해 생각해보았을 것이다. 외모에 대한 과거 경험, 감정, 가치관 등을 가볍게 생각해보는 수준이었다. 그렇다면 이제부터 생각해볼 것은, 궁극적으로 외모로 어떻게 행복해질 수 있을지다. 외모가 나의 인생에 긍정적인 영항을 주게 하려면 어떻게 해야 할까?

이 문제는 우리가 성장하고 생활하면서 부딪히는 인생의 다른 문제들과 크게 다르지 않다. 예를 들어서 돈에 대해 생각해보자. 어떤 사람은 돈 때문에 행복하지만, 많은 사람이 돈 때문에 불행하다. 대체 돈이 얼마나 많아야 행복할까? 어떤 사람들은 돈 이야기를 지나치게 꺼리고, 또 어떤 이들은 돈에 관한 모든 것을 맹목적으로 추구한다. 후자는 왜 그렇게 돈을 좋아하고 추구할까? 돈으로 자신의 성공이나 사회적 지위를 과시하기 위해서일 수도 있다. 그런 사람은 주위 사람들이 자신의 부를 인정해주지 않으면 쉽게 분노하고 절망한다. 돈이 곧 존재의 이유이자 가치이기 때문이다. 이것을 '대체 얼마나 예뻐야 행복할까?', '예쁜 것이 나의 존재 이유일까?'로 바꿔 생각해볼 수 있다.

한편 가족 문제도 비슷하다. 혼자 사는 것이 정답인지, 결혼해서 가족을 꾸리는 것이 더 좋은지 역시 답이 없다. 자녀 몇 명을 갖는 것이 이상적인가 하는 질문도 이제는 의미가 없다. 가족에 대해 이야기할 때 '정상'이라는 표현이 사라진 지 오래인 듯하다.

외모 역시 정상이라는 말은 이제 거의 쓰지 않는다. 질병이라면 정상과 병리를 나누는 기준이 있겠지만, 외모는 주관적이기 때문이다. 주관적인 기준으로 외모를 정상과 비정상으로 나누는 것 자체가 넌센스이고 차별이다. 개성이 중요한 시대에 획일적인 외모는 더 이상 미덕도 아니다.

대부분의 사회 현상과 비슷하게, 외모 역시 종 모양의 정규분포를 생각하면 쉽다. 평범한 사람들은 95%쯤 가운데에 속해 있고, 5%의 특별한 소수가 양 끝에 위치할 뿐이다. 우리가 수천 마리의 개미를 관찰해도 그중 잘생긴 개미와 못생긴 개미를 분류할 수 없듯이, 외계인들이 인간을 분류한다면 종 모양 가운데에 속한 95%는 다 똑같다고 여길 것이다.

당신이 외모를 바꿔 갖고 싶은 57가지

외모를 완전히 바꾼 주인공이 배신한 옛 애인에게 복수하는 이야기는 드라마 소재로 종종 등장하는 유서 깊은 클리셰다. 점을 찍거나 살을 빼고, 안경을 벗거나 헤어스타일을 세련되게 바꾼다. 달라진 외모로 성격까지 독하게 바꾼 이들은 통쾌한 복수로 시청자들의 속을 후련하게 만들어준다. 이들은 복수를 위해 외모를 바꾸었다. 다행히 평범한 사람들의 일상에서 그런 치정 복수극은 일어나지 않는다. 다만 거울을 볼 때마다 신경 쓰이는 어떤 문제가 괴로워서, 어린 시절부터 들어온 외모 지적이 속상해서, 취업에 도움이 될 것 같아서 외모를 바꾸고 싶어 한다.

2020년에 한국갤럽에서 발표한 여론 조사의 결과가 흥미롭다. 우리나라 성인 10명 중 9명은 '인생에서 외모가 중요하다'고 대답했다. 이 조사는 1994년, 2004년, 2015년, 2020년 4회에 걸쳐 이루어진 종단 조사로, 한국 사회가 엄청난 격변을 겪은 25년 사이에 외모에 대한 사람들의 인식이 어떻게 변화했는지를 보여준다. '외모가 중요하다'('매우 중요하다'와 '어느 정도 중요하다' 합산)는 답변은 4회의 조사 모두에서 90%에 육박해 25년간 거의 변함이 없었다.

그런데 이중 '매우 중요하다'라고 대답한 사람은 1994년 42%에서 2020년 20%로 줄었다. 2020년 조사에서 '매우 중요하다'로 답한 사람은 20대 여성이 35%, 30, 40대 여성이 30%로 가장 많았다. 누구나 예상할 수 있듯이 남성보다는 여성이, 같은 여성이라도 나이가 적을수록 외모에 대한 관심이 크다는 것을 보여준 결과다.[2]

성형외과에서 오래 일하다 보면 외모에 대한 비뚤어진 집착, 수술에 대한 과도한 기대를 품고 본인의 의견 없이 주위 사람들의 말 한마디에 휘둘리는 모습을 자주 본다. 개중에는 심각한 사례도 꽤 있다. 대부분은 성형 중독이나 수술 실패에 관한 온갖 괴담을 들어보았을 것이다. 과장된 부분도 있겠지만 집착이 부른 비극은 실제로 일어나는 일이다.

그렇다면 다시 처음으로 돌아가서, 사람은 왜 예뻐지고 싶어 할까? 도대체 예뻐진다는 것이 무엇이기에 이렇게 집착할까? 원하는 외모를 가지면 행복해질까? 나 같은 성형외과 의사는 물론이고 뷰티, 헬스케어 업에 종사하는 이들은, 사람들이 예뻐짐으로써 자기가 원하는 것을 얻고 행복해지길 바란다. 하지만 그 '예뻐짐'이 불행을 낳기도 한다. 마치 영생과 삶의 평화를 위해서 존재하는 종교가 오히려 죽음과 갈등, 전쟁을 유발하는 것에 비유할 수 있을까? 외모를 바꿔 사람들이 진짜 얻고자 하는 것을 크게 5가지로 나눠보았다.

1. 만족감

"나르시시즘은 나 자신에 대한 짝사랑이다." 자신의 외모를 보고 감탄하는 자를 나르시시스트라고 말할 수도 있지만, 어쩌면 가장 높은 수준에 이른 자기완성의 상태라고 볼 수 있다. 남에게 잘 보이는 것, 무언가를 위해서 예뻐지는 것이 아니라 나 자신의 모습에 만족하는 것, 그것이 가장 안정된 삶의 경지가 아닐까? 자신의 모습에서 예쁜 면을 찾아내고 자신감 있게 사는 것이야말로 아름다움에 대해 현대인이 가질 수 있는 가장 바람직한 자세일 것이다.

2. 우월감

예쁘다는 칭찬을 들으면 누구나 기분이 좋아진다. 특히 남보다 우월하다는 인식은 생각보다 큰 기쁨이다. 물론 좋게 말하면 자신감이지만, 누군가와 경쟁해서 굳이 외모로 우월감을 느끼고자 하려는 욕구는 오히려 열등감의 방증일 수도 있다.

나는 환자들과 상담할 때 "수술 후 10명 중에서 몇 등 정도가 되고 싶나요?"라는 질문을 꼭 한다. 그러면 대부분 2등이나 3등이라고 대답한다. 1등이 될 필요까지는 없다는 겸손한 대답 같지만, 그럼 그 아래에 있는 7, 8명은 무엇이란 말인가? 사람은 기본적으로 무엇으로든 우월감을 느끼고 싶어 한다. 비교가 만연한 시대에 사방팔방에서 쏟아지는 열등감에 지친 현대인에게 우월감에 대한 갈증은 피할 수 없는 욕구 같다.

3. 통제감

"클레오파트라의 코가 조금만 더 높았어도 세상은 변했을 것이다." 예뻐지면 내가 원하는 것을 가질 수 있고 성취할 수 있다고 믿는다. 특정 직업을 얻기 위해서, 목표한 직장에 입사하기 위해서 일정 수준의 외모가 필요하다고 생각한다. 그것이 평계가 될 수도 있지만 실제로 외모가 중요한 직군이나 직업이라면 그럴 수 있다.

한편 외모의 변화를 통해 다른 종류의 주도권을 원할 수도 있다. 예컨대 이별한 애인에게 복수하려는 것도 일종의 통제감이다. 외모를 무기로 연인 관계에서 주도권을 갖고자 할 수도 있다. 중요한 것은 달라진 외모를 통해 내가 원하는 것을, 원하는 대로 통제하겠다는 잘못된 신념이다. 주도권을 가지고 스스로를 적당히 통제하며 사는 것은 바람직하지만, 인간관계든 직업이든 내 맘대로 쥐락펴락하며 흔들고 싶다는 욕망은 경계할 필요가 있다.

4. 소속감

"느그 아부지 뭐 하시노?" 가족주의가 강한 한국인들은 비슷한 외모로 가족 간의 결속을 다지기도 한다(재벌가 자녀들의 외모 유전은 일종의 계급적 상징이다). 가족을 넘어 인류의 외모 정규분포 중간 어디쯤에 위치했다는 사실은 우리에게 커다란 안정감과 소속감을 준다. 특히 한국에 사는 구성원으로서 한국인의 평균적인 외모에 가깝다는 사실은 엄청난 행운이다. 결코 변할 수 없는 이 사실이 실은 굉장히 중요한 안정감의 원천이기 때문이다. 한국에서 태어나고 자랐지만 피부색과 외모가 다른(혼혈인이거나 부모가 외국인이어서) 대한외국인들이 평생 시시때때로 느낄 위축과 불안을 생각해보라. 그저 눈에 띄지 않고 평범하게 생긴 외모가 얼마나 다행하고 편안한 것인지 알게 될 것이다.

5. 생존과 종족 보존

"자연은 빠른 자가 아니라 완벽하게 적응한 자를 선택한다." 화려한 공작과 수사자의 갈퀴처럼 동물의 상황을 똑같이 인간에게 적용할 수는 없겠지만 아름다움은 곧 건강한 생식 능력과 우성 유전자를 상징한다. 당연히 아름다운 개체가 생존에 유리하게 진화해왔고, 인간도 그렇게 자연에 적응해왔다. 아름다움에 대한 추구는 근원적으로 생존과 생식에 유리한 입지를 구축하기 위한 동물적 본성이다. 더 좋은 유전자를 획득하고자 하는 본능을 가벼이 여길 수는 없다. 출연자의 (종 보존 상대로서의) 장단점을 낱낱이 밝히고, 남녀관계의 화학적 변화를 실시간으로 중계해주는 연애 예능 프로그램이 이토록 오랜 시간 높은 인기를 누리는 것도 같은 이유다.

아름다움을 사랑하는 것은 인간의 본성

예뻐지면 행복해질까? 좀 더 현실적인 2가지 사례를 살펴보자. 방송 프로그램 '렛미인'에서 신청자로 처음 만난 Y는 정말 긍정적인 사람이었다. 외모 때문에 여러 고민이 있었지만, 그늘이 없고 밝은 성품이었다. 다행히 수술이 잘 되었고, 그녀와 가족들 모두 달라진 모습에 매우 만족하며 기뻐했다. 그녀는 수술 후에 인생 자체가 달라졌다. 예전에는 꿈도 못 꾸었던 모델이라는 직업에 도전했고, 이후 면세점에서 일하다가 지금은 사무직 직장에 다닌다고 했다. 외모 콤플렉스를 벗어던지고 자신의 능력을 맘껏 펼치며 살게 되었다. 그녀에게 예뻐져서 행복해졌냐고 물어보니, Y는 크게 고개를 끄덕이며 행복하다고 대답했다. 내 생각에 Y는 성형수술을 하지 않았어도 행복한 삶을 살았을 것이다.

반면 S는 대학에 입학한 직후에 나를 찾아왔다. 남자친구가 생겼는데 본인의 외모에 자신이 없다고 했다. 원하는 대로 수술한 후에 그녀는 정말 완벽해졌다. 보는 사람마다 예쁘다고 칭찬하니 소심했던 S도 자신감이 높아졌다. 외모가 바뀌자 그녀의 삶도 변했다. 친구들도 바뀌고, 남자친구와도 헤어졌다. 그런데 휴학을 하고 시작한 새로운 일에 적응하지 못해 우울증이 생겼다. S는 다시 병원을 찾아와서 얼굴을 원래대로 돌리고 싶다고 했다. 얼굴을 되돌리면 우울증이 나을까? 물론 말도 안 되는 일이다. 그럴 수도 없고 그럴 필요도 없었다. 하지만 S는 모든 것을 잃은 것 같다고 한숨 쉬며 말했다. 남들이 아무리 예쁘다고 칭찬해도 그녀는 자신의 달라진 외모에 적응하지 못했다.

Y와 S는 둘 다 예뻐졌지만, Y는 행복해졌고 S는 행복하지 않았다. 진부한 표현이지만, 행복은 돈으로 살 수 없다. 하지만 돈이 있으면 행복할 가능성이 조금 더 크다. 이 논리를 적용하면 행복은 외모의 변화로 살 수 없다. 그래도 예뻐지면 행복해질 가능성이 약간 더 크다. 하지만 이것 역시 생각하기에 따라, 상황에 따라 다른 것 같다.

인류의 역사를 돌아보면, 자연의 아름다움 그리고 인간의 아름다움이 가장 큰 아름다움인 것을 부정할 수 없다. 이 아름다움을 사랑하는 것은 인간의 본성이다. 다만 여기서 말하는 그 아름다움이 우리가 말하는 그 '예쁨'과 같은 것인지는 분명하지 않다.

어쨌거나 결론을 내리기 어렵다면 그냥 무시하고 살면 어떨까? 상황과 정도에 따라 다르겠지만 바빠서, 여유가 없어서, 관심이 없어서, 그러면 안 되니까 등 다양한 이유로 예뻐지려 시도하지 않고 사는 사람도 많다. 스스로 '자연인'임을 자랑스러워 하기도 한다. 여러 가지 이유로 외모에 대한 관심 자체를 부정하기도, 외모지상주의의 폐해에 분노하기도 한다. 물론 이것은 신념이나 가치관에 따라 선택하면 될 일이다. 그런데 예뻐져서 행복해지는 일에도 실패하고, 외모에 초연해지는 것에도 실패했다면 어떻게 해야 할까? 애초에 전제가 잘못된 것 아닐까?

페이스 코드의
47가지 분류 기준

한국인은 어쩌다 이렇게까지 MBTI를 사랑하게 되었을까? 혈액형부터 체질, 사주팔자, 손금, 관상에 이르기까지 통계적 분류로 자신을 간편하게 규정하고, 또 타인을 쉽고 빠르게 파악하고 싶기 때문이 아닐까? 기본적으로 우리나라 사람들은 남에게 관심이 많은 데다, 인간관계의 잠재적 위험을 애초에 차단하려는 욕망도 강력한 것 같다.

앞서 살펴본 외모에 대한 복잡한 감정과 생각, 기질, 가치관 등을 좀 더 체계적으로 모아서 분류해보면 좋겠다는 생각이 들었다. 그러다 보면 문제에서 한 걸음 떨어져 자연스럽게 '외모 메타 인지'를 개발할 수 있다. 객관적인 통계 분석 자료를 기반으로 외모에 대한 민감도, 생각, 감정 그리고 외모에 대한 반응과 적극성을 기준으로 삼고, 16가지 유형으로 분류한 것이 바로 '페이스 코드'다.

무엇을 기준으로 어떻게 만들었는지 알아보기 전에 먼저 나의 페이스 코드가 무엇인지 궁금한 독자는 웹사이트 facecode. co.kr에 접속하거나 아래 QR코드(그림1)로 진단해보기 바란다.

그림1. 페이스 코드 진단

54개 문항을 읽고 5점 척도로 '매우 그렇다', '그렇다', '보통이다', '아니다', '전혀 아니다' 중 하나를 고르면 된다. 문항수가 다소 많기는 하지만 일부러 어렵게 꼬아놓은 문항이나 함정 문항은 없다. 조금 애매하거나 모르겠다 싶은 문항이 있더라도 답변 1개 때문에 유형이 바뀌는 것이 아니므로 너무 오래 고민하지 말고 편안하게 답하면 된다.

테스트가 아닌 직관적 분석법도 있다. 아주 간단한 버전이라서 1분 만에 할 수 있다(다만 정확도는 약간 떨어질 수 있다). 아래 4개의 문장을 읽고 자신에게 해당하는 설명에 동그라미를 쳐보자. 거기에 적힌 알파벳 4개를 모으면 나의 페이스 코드다. 직관적 분석과 테스트를 통한 분석을 비교해볼 수도 있다.

1. 나는 외모(미적인 면)에 (민감하다. K / 둔감하다. B)

2. 나는 외모가 인생에 (중요하다고 U / 중요하지 않다고 O) 생각한다.

3. 나는 외모 문제로 인해 (즐겁다. P / 괴롭다. N)

4. 나는 외모에 문제가 있다는 생각이 들면 (적극적으로 해결할 것이다. A / 아무것도 하지 않을 것이다. I)

예를 들면, '민감하다', '중요하다고', '즐겁다', '적극적으로 해결할 것이다'에 동그라미를 쳤다면, 나의 페이스 코드 유형은 KUPA다. 1번은 기질, 2번은 사고, 3번은 감정, 4번은 반응에 관한 성향을 알아본다. 이 4가지 기준의 순서는 외모에 대한 태도와 생각이 감정과 행동에 어떻게 영향을 미치는지로 정했다. 대체로 기질(태도)과 생각이 감정을 만들고, 감정은 행동을 일으킨다. 16가지 페이스 코드 각각에 대한 설명은 2부에서, 고민의 해법은 3, 4부에서 제안할 것이다. 4가지 분류 기준을 좀 더 자세히 알아보자.

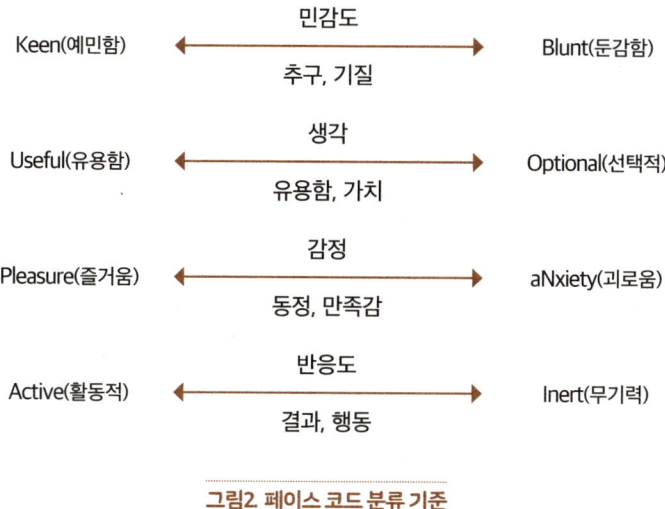

그림2 페이스 코드 분류 기준

민감도: 예민 vs 둔감

첫 번째 척도는 민감도 sensitivity 로, 외모에 얼마나 신경 쓰느냐다. 개인의 미적 감각과 디자인에 대한 민감성을 측정하는 것인데, 자신과 타인은 물론이고 물건을 바라보는 관점과도 관계가 깊다. 이 스펙트럼의 한쪽 끝에는 자신의 외모에 대해 매우 민감한 keen 사람이 위치하고, 반대편에는 감각적으로 무디거나 둔감한 blunt 사람이 위치한다.

쉽게 말해 예쁘고 아름다운 것, 세련되고 감각적인 디자인을 잘 알아보고 특별히 선호하는 사람들이 민감도가 높다. 세상에 보기 좋은 것을 싫어하는 사람이 어디 있느냐고 반문할 수 있지만, 실제로 외적인 요소에 대한 민감도는 스펙트럼이 상당히 넓다. 아주 예민한 사람도 있고, 전혀 신경 쓰지 않는 사람도 있다. 민감도는 기질적으로 타고나는 면도 있고temparament 후천적으로 변화하는 경우도 있다. 후천적인 경우에는 외상성traumatic으로 급격하게 변할 수도 있고, 환경의 영향으로 서서히 형성될 수도 있다.

민감도가 높은 사람(K유형)은 디자인과 외형이 최우선이다. 사람이든 물건이든 아름다운 겉모습에 유난히 끌린다. 뛰어난 외형은 단순한 고려사항이 아니라 최우선 조건이다. 쇼핑할 때는 물론이고 생활의 모든 면면에서 보기 좋고 아름다운 것을 추구한다. 디자인은 늘 신중한 고려 대상이다. 친구를 사귀거나 사업적인 관계에서도 이러한 예민함이 작용한다.

그렇다면 이들은 왜 이렇게 겉모습에 민감할까? 그저 타고난 기질인 경우가 많다. 타고난 기질이 민감하니 더 민감한 쪽으로 발달할 수밖에 없다. 자라면서 부모님이나 형제자매 등으로부터 후천적 영향을 받았을 수도 있다(가령 여자 형제가 많은 집에서 자란 아이는 외모 민감성이 높은 경향이 있다). 이러한 기질은 직업이나 진로를 결정하는 데 영향을 미치기도 하고, 반대로 직업의 영향을 받기도 한다. 패션이나 뷰티, 미디어 업계에서 일하면 자연스럽게 민감도가 높아진다. 그 외에 외모에 대한 외적 트라우마로 인해 예민해진 사람들도 있다.

반대로 이런 문제에 둔감하거나 무감각한insensitive 사람도 많다. 아예 별로 의식하지 않거나unconscious, 무딘dull 경우, 무시하거나ignoring 공감하지 않는unsympathetic 경우도 B유형에 속한다. 이들은 자신의 외모뿐만 아니라 주변 환경, 타인의 외모나 복장에 대해서도 관심이 별로 없다. 물건을 선택할 때도 디자인보다는 기능이나 가격, 의미, 편의성을 더 중시한다. 미적 고려를 대체로 무시하는 부류다. 이처럼 민감도 스펙트럼은 미적 고려에 대한 다양한 태도를 포함한다. 이를 참고하면 시각적인 자극과 어떻게 상호작용하는지 알 수 있다.

가치관: 유용 vs 선택

두 번째 기준은 가치관thinking 척도다. 외모에 대해 어떤 가치관을 가졌는지 보여준다. 외모를 얼마나 중요하게 여기느냐에 따라 유용하다useful 쪽은 U유형이고, 선택일 뿐이다optional 쪽은 O유형이다. U에 가까운 사람은 인생에서 외모가 중요하고, 특히 사회생활에서 유용하다고 생각한다. 인생에서 외모가 매우 중요하다 important, 꼭 필요하다 indispensable라고 느낀다. '유용'에는 사회적 성취, 성공에 대한 욕구도 포함되는데 U유형은 삶에서 외모가 성공의 핵심적인 자산이라고 믿는다. 이들은 아름다운 외모가 이상적인 파트너를 만나거나 사회적 성공을 이루는 데 필수적이라고 본다. 외모의 중요성이 가치 체계에 깊이 내재한 경우다.

반면 O유형에 가까운 사람은 외모 이외의 것, 즉 재력, 지성, 성품, 인간관계 같은 다른 측면에서 더욱 중요한 가치를 발견한다. 외모는 여러 가치 중 하나일 뿐이다, 외모가 훌륭하면 좋겠지만 필수적인 것은 아니다 dispensable, 외모는 인생에서 그다지 중요하지 않고 unimportant 별로 필요하지도 않다 unnecessary라고 생각하면 O유형에 가깝다. 이들은 외모가 사회생활의 성패를 결정하는 중요 요인이라고 생각하지 않는다. 예를 들어 사회적으로 인정받거나 성취감을 느끼는 데는 외모보다 재능이나 지능, 성격 같은 다른 가치들이 더 큰 역할을 한다고 여긴다.

가치관 척도는 '나는 무엇을 중요하게 여기나, 나는 어떤 가치 체계를 가지고 사는가, 내 인생에 우선순위가 높은 가치는 무엇인가, 나는 그에 따라 살고 있는가'라는 물음에 대한 통찰을 준다. 물론 이러한 가치관은 시대적인 상황이나 지역에 따라 다르게 나타난다. 당연히 고대나 중세, 르네상스 시기의 외모에 대한 통념은 각각 다를 것이다. 또한 전쟁의 시대와 평화의 시대에도 다르다. 경제 발전의 수준에 따라도 달라질 수 있다. 대체로 경제 수준이 높아질수록 외모에 대한 중요성과 관심도가 상대적으로 높아지기는 하는데, 어느 수준 이상이 되면 오히려 감소하는 경향을 보이기도 한다.

감정: 즐거움 vs 괴로움

세 번째인 감정feeling 척도는 개인적이고 내면적인 감정에 관한 것이다. 쉽게 말해 자신의 외모에 대해 느끼는 감정이 즐거움인가 괴로움인가를 보여준다. 매우 주관적인 영역으로 자신의 외모에 만족감과 기쁨pleasure을 느끼는 사람도 있고(P유형), 반대로 내적 갈등anxiety, 불안, 불만족, 스트레스를 느끼는 사람도 있다(N유형).

P유형은 자신의 외모에 만족하고satisfying 즐거움을 느낀다. 외모를 관리하는 과정 자체가 긍정적인 경험이라서 재미있다. 자신의 외모에 쾌락을 느끼므로 더 적극적으로 외모를 관리하고, 더나은 외모를 추구한다. 아름다운 외모에 공감하고

sympathetic, 이를 더 원하며wanting, 이에 대해 영예로움glory과 우월감superiority을 느낀다.

반면 N유형은 갈등, 괴로움pain, 고통suffering을 느낀다. 불만족unsatisfying, 절망감despair, 우울감depression, 거부감denial 등 여러 불편한 감정이 포함된다.

외모에 대한 만족도는 다양한 경험과 인식에 근거해 나타난다. 옳고 그름도 아니고, 현재 외모가 뛰어난가 아닌가의 문제도 당연히 아니다. 누구나 칭찬할 만큼 뛰어난 외모를 가지고 있어도 스스로는 불만족스러워하는 N유형이 있고, 주위 사람들이 가혹할 정도로 부정적인 평가를 해도 막상 본인은 별로 신경 쓰지 않거나 괴롭지 않은 P유형도 있다. 중요한 것은, 외모의 객관적인 상태와 개인적인 감정은 다를 수 있다는 것이다.

감정 척도는 미의 기준이 주관적이라는 현실을 반영한다. 즉, 외모에 대한 만족도는 외부의 평가나 피드백뿐만 아니라 개인의 내적 기준과 감정에 크게 영향을 받는다는 뜻이다. 그런데 N유형의 경우 외모가 불안, 걱정 같은 부정적인 감정을 유발하기 때문에 외모와 관련된 스트레스가 높을 수 있다. 그리고 이러한 감정은 종종 외부 평가나 사회적 압력에 기인하는데, 외모에 대한 부정적인 인식이 심리 건강에도 나쁜 영향을 줄 수 있다.

이처럼 감정 척도는 내가 내 외모를 어떻게 인식하고 경험하는지 이해하게 해주고, 외모와 관련된 감정이 삶에 어떤 영향을 미치는지 파악하게 도와주는 중요한 지표다.

반응도: 활동 vs 무기력

네 번째 기준은 반응도reaction다. 반응도는 현재 상태, 특히 감정적 만족 여부에 대한 행동적 반응이다. 현재의 외모에 대해 적극적인 행동action을 보이면 A유형이다. 반대로 현재 상태가 만족스럽든 불만족스럽든 대응을 자제하는inert 쪽은 I유형이다. 반응도는 만족(P유형) 혹은 불만족(N유형)의 반응을 조망하는 흥미로운 측정 도구다. 자신의 외모에 대한 현재 감정에 어떻게 대응하는지를 보여준다.

A유형은 만족이든 불만족이든 외모에 대해 적극적으로 행동한다. 이들은 외모 관리에 꾸준히 노력하며, 늘 새로운 화장품이나 패션 트렌드에 도전한다. 외모의 다양한 면을 탐구하고 창의적으로 자신을 표현하고자 하는 성향이다. 그러다 보니 외모의 변화나 개선에도 주도적이다.

한편 좀 다른 방식의 반응도 있다. 실제 행동이 아니라 언어적인 반응인데, 외모에 대해 이야기하기를 유독 좋아한다거나 자주 타인의 외모를 평가하는 식이다. 커뮤니티에 익명으로 연예인 얼굴 평가 댓글을 쓰거나 SNS에 여러 사진을 올리며 외모 자랑을 하는 사례를 들 수 있다.

반면 I유형은 현재 상황이 만족스럽든 불만족스럽든, 트렌드를 좇거나 새로운 아름다움을 추구하는 데 별로 관심이 없다. 외모 관리에도 노력을 기울이지 않고, 외모에 약간 관심이 있어도 비교적 소극적으로 표현한다. 외모에 대해 모종의 만족감을 느꼈다 해도 그 만족감을 동력으로 뭔가 적극적인 행동을 시도하기보다 수동적으로 안정된 상태를 유지하려 한다. 외모에 대한 시각이 보수적인 편이어서 그럴 수도 있고, 외모에 대한 불안이나 흥분을 드러내는 게 싫어서 자제하는 것일 수도 있다.

I유형이 보일 수 있는 또 다른 반응은 회피다. 외모를 주제로 대화하는 것 자체를 불편해하거나, 스스로 주위 사람들과의 연결을 차단해 대인기피증이 나타나기도 한다. 이런 회피 반응을 적극적인 거부로 볼 수도 있지만, 결국 변화 가능성을 없애고 문제 해결 자체를 회피하는 것이어서 비반응으로 분류했다.

이처럼 반응도는 외모에 대한 감정을 다루는 방식이 개인의 행동과 태도에 어떤 영향을 미치는지를 나타낸다. 반응도를 살펴보면 외모에 대한 자신의 태도를 더 깊이 이해할 수 있다.

	즐거운 행동주의자(PA)	조용히 즐기는 사람(PI)	적극적 문제 해결(NA)	문제 느껴도 액션 없음(NI)
예민+ 중요(KU)	KUPA 즐거운 관종	KUPI 평화로운 나르시시스트	KUNA 화려한 행동가	KUNI 현실적 이상주의자
예민+ 안 중요(KO)	KOPA 즐거운 완벽주의자	KOPI 안분지족 오타쿠	KONA 고뇌하는 방황가	KONI 선택적 개인주의자
둔감+ 중요(BU)	BUPA 사회적 꾸안꾸	BUPI 편안한 원칙주의자	BUNA 분주한 추종자	BUNI 방구석 공상가
둔감+ 안 중요(BO)	BOPA 순응형 현실주의자	BOPI 낙관적 자연주의자	BONA 외모 소시민	BONI 선택적 중립주의자

그림3. 페이스 코드 기능 유형 분류

4가지 기준으로 분류한 16가지 유형을 쉽게 이해할 수 있도록 간단한 키워드를 붙여보았다. 그림3을 보면, 세로축에는 원인이 되는 기질과 가치관, 가로축에는 그것으로 인해 일어나는 감정과 행동이 있다. 외모에 대한 나의 기질과 가치관이 어떻게 나의 감정과 행동에 영향을 미치는지를 알 수 있다.

기질은 타고나는 것이어서 어떤 면에서는 거부할 수 없는 특징이기도 하다. 이러한 기질에 따라 감정이나 사상에 대한 감수성도 달라진다. 사상이나 생각은 견고한 판단 체계로 자리 잡고,

그렇게 견고해진 도덕적·사상적 판단 체계는 감정까지도 좌지우지한다. 하지만 똑같은 판단 체계를 가졌다 해도 개인의 기질에 따라 행동은 달라진다. 냉전 체제나 종교 갈등처럼 같은 환경에서도 사람마다 거부 혹은 맹종 등 다양한 행동 반응을 보이는 것과 같다.

수많은 케이스를 분석해봤을 때 페이스 코드는 '기질 〉 생각 〉 감정 〉 행동' 메커니즘에 따라 분류되고 확고해진다. 물론 평생 불변하는 것은 아니다. 나이가 들면서, 인생의 주기에 따라 바뀐다. 가령 결혼, 출산, 이직, 퇴직, 이혼, 사별 등 중요한 사건이 계기가 되어 180도 달라지는 사람도 있다. 당연히 정답은 없다. 편안한 마음으로 "현재 내 외모에 대한 인식이 이렇구나." 하는 정도로 받아들이면 된다.

행동의 이유를 알면 해법이 보인다

MBTI에 관한 여러 이야기 중 T(사고형)냐 F(감정형)냐는 늘 뜨거운 이슈다. "나 너무 우울해서 빵을 샀어." 하고 말하면 T는 "무슨 빵 샀어? 어디서?"를 묻고, F는 "왜 우울해? 무슨 일 있었어?" 하고 걱정부터 한다는 이야기가 유명하다. T는 사실이 중요하다. 사실을 기반으로 신중하게 생각하고 행동 여부를 결정한다. 반면 F는 상대방이 우울하다는 데 먼저 마음이 간다. 왜 우울한지 궁금하고 상대방의 감정에 쉽게 공감하며 거기에 동참한다. 의리, 기분, 공감이 중요하기 때문에 논리나 사실보다는 감정에 따라 행동도 좌우된다.

앞에서 페이스 코드는 '기질 〉 생각 〉 감정 〉 행동' 메커니즘에 따라 분류되고 확고해진다고 설명했는데, 패턴이 다른 경우도 생각해볼 수 있다. 기질에 따라 사고(생각)보다 감정이 우선인 사람은 '기질 〉 감정 〉 생각 〉 행동'의 패턴을 가진다.

감정과 사고 중 어느 쪽이 먼저인지가 왜 중요할까? 행동을 일으키는 트리거에 따라 해법에 대한 접근이 다르기 때문이다. 타고난 기질이나 성장기에 환경에 의해 천천히 형성된 민감도를 이제야 바꾸기는 무척 어렵다. 하지만 감정과 생각은 어떻게 접근하느냐에 따라 얼마든지 바꿀 수 있다. 결국 외모에 대한 기질, 감정, 생각이 행동(반응)으로 나타날 때, 긍정적인 면은 더욱 강화하고 부정적인 반응은 잘 조절해야만 외모 코끼리가 주는 고통으로부터 벗어날 수 있다. 이에 관하여서는 3부에서 자세히 살펴볼 것이다.

'넛지Nudge'라는 단어를 들어보았을 것이다. 2009년에 출간되어 지금까지 많은 이들에게 읽히고 있는 행동경제학 도서의 제목이기도 하다. 저자 리처드 탈러는 2017년에 노벨 경제학상을 수상했는데, '팔꿈치로 쿡 찌르다'라는 사전적 의미를 가진 '넛지'의 개념을 정립했다. 어떤 행동을 일으키기 위한 부드러운 개입, 자유주의적인 간섭, 강제성 없는 추천 정도로 생각하면 된다. 가령 아무리 연습을 많이 해도 제자리걸음이던 초보 골퍼의 비거리가 고수의 원포인트 레슨 후에 기적적으로 늘어나는 경우가 있다. 딱 한 가지만 바꾸었을 뿐인데 획기적으로 결과가 달라진 것이다.

페이스 코드의 궁극적인 목적도 바로 그것이다. 자신이 어떤 유형인지를 알면 외모에 대해 편안해질 수 있고(실체를 아는 것만으로도 불안이 줄어든다), 원포인트 레슨처럼 적은 노력으로 효과를 극대화할 수 있다. 또 그동안 나도 모르게 엉뚱한 부작용을 만들어내던 마음속의 괴로움이나 고통, 분노를 바람직한 방향으로 꺼내어 가볍게 만들 수 있다. 그러기 위해서는 단순히 테스트를 통해 유형만 파악하기보다 조금 더 깊이 있게 자신의 특성에 대해 생각해볼 필요가 있다.

사고형도, 감정형도 반응 패턴은 같다

조금 복잡해 보이지만 다음 쪽의 그림4는 생각과 감정에 따른 반응을 보여주는 그래프다. 가로축은 성향을 나타내는 축으로, 오른쪽으로 갈수록 사고형이고 왼쪽으로 갈수록 감정형이다. MBTI와 정확히 대응시킬 수는 없지만 행동의 원인으로서 N형(직관)과 S형(감각)의 요소도 일부 포함된다. 결정을 내리는

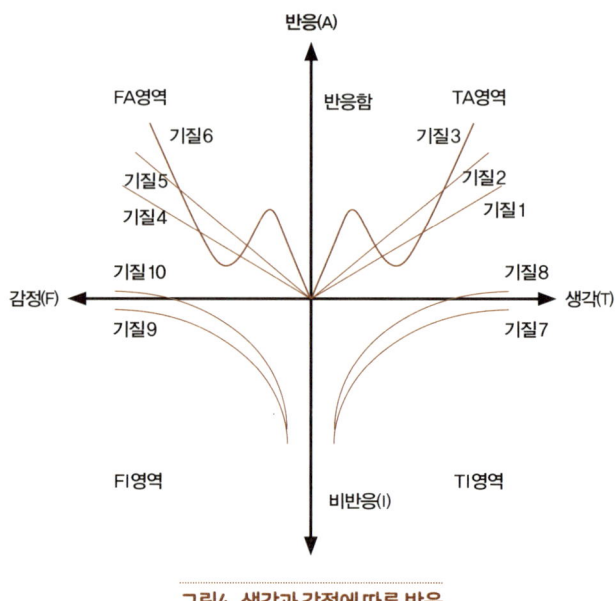

그림4. 생각과 감정에 따른 반응

데 감정이 더 중요한지, 생각이 더 중요한지를 나타내는 좌뇌형 (사고)과 우뇌형(감성)의 구분과도 비슷하다. 논리적이고 수학적 인 직업을 가졌다면 자연스럽게 좌뇌가 발달하여 사고형일 것 이고, 음악이나 미술, 창작 등 감성을 다루는 직업이라면 아무래 도 감정형에 가까울 것이다. 세로축은 반응의 정도이다. 반응이 클수록 위쪽으로, 적을수록 아래쪽으로 향한다.

사고형의 경우, 반응의 정도는 대체로 사고의 양에 비례한다 (TA영역). 하지만 생각이나 고민을 많이 한다고 해서 반드시 더 적극적으로 반응하는 것은 아니다. 행동을 많이 하느냐(기울기가 가파른 기질2), 적게 하느냐(기울기가 완만한 기질1)는 개인의 기질적 민감도에 따라 달라진다.

반응도는 살아오면서 얻은 경험치에 따라 달라지기도 한다. 심리학 용어 중에 인지 편향의 하나인 '더닝 크루거 효과dunning-kruger effect'라는 것이 있다. 능력 없는 사람이 잘못된 판단을 내려 잘못된 결론에 도달했는데, 능력이 없기 때문에 자신의 실수를 알아차리지 못하는 현상을 말한다. 더닝과 크루거의 연구에 따르면, 능력이 낮은 사람은 '환영적 우월감'에 빠져 자신의 능력을 실제보다 높게 평가하지만, 능력이 높은 사람은 반대로 자신의 능력을 과소평가해 '환영적 열등감'에 빠진다고 한다.

예를 들어 생각을 별로 많이 하지 않는 사람이 스스로의 판단을 과신해 행동마저 과도하게 해버리는 경우가 있다. 이런 사람은 '더닝 크루거 효과'처럼 잘못된 결론에 도달해도 자신의 실수를 깨닫지 못한다. 반대로 생각이 점점 더 깊어지고 성숙해지면 오히려 행동은 좀 더 신중해지는 시기가 온다. 그런 시기를 지나면 정말로 숙고해서 현명하게 결정하고, 그에 따라 행동하는 경지에 이른다. 대문자 N 모양의 기질3 그래프가 바로 이런 경우다.

세로축의 왼쪽인 FA영역도 비슷하게 생각해볼 수 있다. F는 감정형이다. 이들은 감정이 강렬할수록 반응도 강하다. 즐거움이 크거나 혹은 갈등이 심각하다면 당연히 행동으로 옮길 확률이 높아진다. 하지만 이것 역시 기질에 따라 그래프의 기울기가 달라진다(기질4, 기질5). 기질적으로 작은 감정에도 크게 폭발하는 경우가 기질5인 셈이다.

또 패턴은 생애주기에 따라서 혹은 감정적 성숙도에 따라서도 달라진다. 예를 들어, 사춘기라면 사소한 감각적 자극에도 크게 반응한다. 아직 감정적으로 미숙하고 인내심이 부족한 탓에 성급하게, 섣부르게 행동하는 경우도 많다. 마찬가지로 반전된 대문자 N자 모양의 기질6은 중장년이 되면 감정을 좀 더 잘 조절하고, 감정에 즉각적으로 반응하기보다 균형 있게 조절하는 지혜를 발휘한다.

그래프의 아랫부분인 TI, FI영역은 어떨까? 생각이나 감정이 많든 적든 반응을 거의 하지 않는 영역이다. 생각이나 감정이 적을 때는(가로축의 중심에 가까워지는 경우) 당연히 행동으로 옮기지 않는다. 하지만 생각이나 감정이 어느 정도 증가하면 의식 위로 올라오고 내적 갈등이 시작되는데, 이들은 내적 갈등이 커져도(가로축의 양 끝에 가까워지는 경우) 기질적 특성상 행동으로 옮기지는 않는다(기질7, 기질9). 행동으로 나타나지 않는다는 것과 반응이 없다는 것은 다르다. 가령 자기도 모르게 외모에 대한 언급을 피하거나, 심각한 경우 대인기피, 은둔, 공격성, 우울증 같은 병적인 증상이 이어질 수 있다. 실제로 어떤 행동을 하지는 않지만, 그것 자체가 반응인 것이다.

예를 들어 좋아하는 사람이 있어도 '저 사람이 나를 좋아해줄까? 내가 먼저 고백하면 내 외모 때문에 거절하겠지!?' 하는 생각만 하고 말 한마디 못한다. 심각한 경우 스스로를 고립시키고 주위 사람들이 모두 외모 때문에 자신을 싫어할 거라고 괴로워한다. 이것은 정말 불행한 사고 구조인데, 이렇게 자기 비하에 빠지면 세상과도 멀어지고 자신의 삶과도 화해하지 못한 채 살게 된다.

이러한 단절의 정도가 심해지면 기질적 요인에 따라 반항적인 행동이 나오기도 한다. 물론 반응이 없는 경우에도 자극이 강해지면서 최소한의 반응이 나타나기도 하지만 이것은 최악의 결과를 방지하기 위한 소극적이고 일시적인 반응일 가능성이 높다(기질8, 기질10).

이별, 이혼 후 성형외과를 찾는 이유?

그렇다면 과연 TI, FI에 있던 사람들이 생각이나 감정이 강해질 때 TA나 FA로 이동할 수 있을까? 반대로 민첩하게 행동하던 사람이(TA, FA) 그렇게 행동하지 않게 되는(TI, FI) 일이 생길까? 즉, 페이스 코드 영역의 변화가 가능할까?

내가 관찰한 바에 따르면, 기질과 관성의 강력한 영향으로 영역의 변화는 좀처럼 일어나지 않는다. 사람은 늘 하던 방식대로 하고 살아온 방식대로 산다. 익숙한 것이 편하기 때문이다. 아침에 일어나서 관성적으로 출근하고, 출근해서 관성적으로 일하고, 퇴근하면 관성적으로 친구들을 만난다. 이러한 관성을 깨려면 중대한 사건이나 변화가 일어나야 한다. 대표적인 예로, 사랑하는 사람과의 이별이나 배우자와의 이혼, 사별 등이다. 꽤 많은 사람이 이별 후에 외모에 대한 기존의 생각을 바꾼다. 관성을 깨는 중대한 사건을 겪은 셈이다. 그 외에도 극단적인 경우지만 질병, 수술, 사고로 인한 트라우마, 전쟁이나 재난의 경험 등이 있다.

또 다른 자연스러운 경우가 생애주기 변화에 의한 전환이다. 사춘기가 되면 외모에 대한 정체성이나 지향 같은 것이 생겨나거나 바뀐다. 그리고 주체성이 강해져 스스로 외모에 대한 변화를 결정하거나 시도한다. 한편 중년 이후에 함께 살던 자녀가 독립하면 '빈 둥지empty nest' 시기를 경험하는데, 이때에도 20년 이상 자녀에게만 집중해왔던 삶의 틀, 즉 관성이 깨진다. 이혼, 졸혼 등으로 홀로서기를 시도하는 경우도 생애주기 변화라고 볼 수 있다.

이러한 외적인 혹은 불가항력적인(?) 계기가 아니라 스스로의 노력으로 영역을 변화시키는 것이 가능할까? 불가능하진 않지만 그러기 위해서는 동기부여와 점진적이고 꾸준한 노력이 필요하다. 주위의 도움도 필요하다. 예를 들어 G는 갑자기 살이 쪄서 고민이었는데, 막상 다이어트를 하자니 귀찮고 힘들었다. 하지만 친구의 강력한 권유로 식단도 조절해보고 운동도 시작했다. 처음 며칠은 예상대로 괴로웠지만 가족, 친구들의 칭찬과 격려가 이어지자 더욱 열심히 다이어트를 하게 되었다. 그랬더니 체중도 돌아오고 생활에 활력이 생겨 더욱 건강해졌다. 작은 성공의 경험이 강력한 동기부여 기제가 되어 선순환을 만들어낸 것이다.

한편 H는 평생 과체중으로 고민했지만 '체형은 타고난 것이므로 어쩔 수 없고, 나는 생업이 바빠 운동할 시간이 없다'라며 합리화하고 살았다. 그러던 어느 날 H는 당뇨병 진단을 받고 깜짝 놀라 죽기 살기로 운동해 체중을 줄였다. 그러자 체중은 물론 혈당도 정상 범위로 돌아왔으며, 평생 마음을 괴롭히던 과체중 문제가 해결되어 극한 쾌감을 느꼈다. 과거에 H는 마음의 괴로움이 있어도 그것을 해결하기 위해 적극적으로 행동하지 않았다. 하지만 당뇨 문제를 해결하기 위해 비반응(I)에서 반응(A)으로 스스로 이동했다. 정신건강도 신체의 건강과 같아서 어떤 정신적 괴로움이 점점 커지고 깊어진다면 주도적인 노력으로 그것을 보살피고 해결할 수 있다.

역치를 넘기는 자극은 무엇일까?

여기서 중요하게 살펴볼 것은 반응하는 이유와 반응하지 않는 이유다. 반응이 시작되는 지점, 즉 역치를 넘기는 자극이 무엇일까? 임계점이든 변곡점이든, 변화가 시작되는 그 지점까지 우리를 끌고 가는 힘에 집중해야 한다.

예를 들어 한 여성이 평소에 무척 혐오했던 사람과 갑자기 결혼을 결정했다면, 그 결혼이 부모로부터 해방되는 유일한 방법이라고 생각했기 때문일 수 있다. 또 회사의 매각을 반대하던 주주가 갑자기 찬성하게 된 이유는, 이대로 가면 회사가 망해서 자신의 주식이 휴지조각이 될 것이라는 사실을 알았기 때문일 수 있다.

다른 예를 들어보자. 영하로 뚝 떨어진 한겨울에 두꺼운 패딩을 일부러 입지 않는 사람이 있다면 그는 왜 그러는 걸까? 여러 가지 이유가 있을 수 있다. 어려서부터 앓아온 갑상선항진증 때문에 추위를 잘 못 느껴서 그럴 수도 있고(민감도), 마침 오늘 수상식이 있는데 그런 공식적인 장소에는 패딩을 입고 가는 것이 예의에 어긋난다는 생각 때문일 수도 있다(생각). 패딩보다 코트나 미니스커트가 더 예쁘게 보일 것이라는 이유 때문일 수도 있고(감정), 아니면 그냥 옷이 없거나 귀찮아서 패딩을 입지 않은 것일 수도 있다(반응도).

얼마나 공적이고 중요한 자리였으면 패딩을 입지 못했을까? 안에 얼마나 예쁜 옷을 입었기에 강추위에도 패딩을 입지 않는 걸까? 패딩을 입을지 말지 결정하게 하는 역치는 개인의 차이다. 원래부터 자기관리가 완벽한 사람일 수도 있다. 과거에 공적인 자리에서 복장 문제로 지적받은 적이 있다면 시상식 의상에 더 신경을 쓸 수도 있다. 평생 남는 졸업식 사진을 찍는 날이라면 당연히 추위쯤은 조금 참아야겠다고 결심할 것이다. 갑자기 기온이 떨어진 것을 몰랐을 수도 있다. 회사가 아무도 패딩을 입지 않는 분위기라면 그냥 거기 맞추려고 그럴 수도 있다.

회피는 극단적인 비반응의 형태인데, 정신적, 감정적 불안정을 방어하기 위한 반응이기도 하다. 이러한 행동 촉발의 핵심적인 이유를 잘 알고 있다면, 그것을 변화시킴으로써 반응 자체를 변경하는 것도 가능하다. 그림5를 보면 페이스 코드 유형별로 행동을 일으키는 이유가 나온다. 유형별 행동의 이유를 알면 3, 4부에서 소개하는 다양한 조언에 대해서도 이해가 더 잘될 것이다.

행동을 일으키는 동력은 사람마다 다르다. 기질에 따라 외모에 대한 민감도가 다르듯이, 같은 문제라도 감정의 강도나 생각의 정도가 다 다르다. 당연히 행동의 여부, 반응의 강약도 감정이나 생각의 깊이와 너비에 따라 달라진다. 다만 내적 갈등이 커졌을 때 적절하게 대처하지 않으면 안으로 곪을 수 있으니 그 점은 유의해야 할 것이다. 경영학의 아버지 피터 드러커는 이런 명언을 남겼다. "측정할 수 없으면 관리할 수 없다." 측정할 수 있으면 관리할 수 있고, 나아가 개선도 할 수 있다는 뜻이다.

반응여부	생각	감정	기질	행동의 이유	결과
반응	중요	즐거움	KUPA	즐거워서	즐거운 관종
			BUPA	중요해서	사회적 꾸안꾸
		괴로움	KUNA	피할 수 없다면 즐김	화려한 빅마우스, 외모 박사
			BUNA	스트레스와 불안	분주한 추종자
	비중요	즐거움	KOPA	자기관리, 완벽주의	즐거운 완벽주의자
			BOPA	환경, 주위의 권유	온건한 초심자, 사교적 현실주의자
		괴로움	KONA	트라우마 극복, 반항	아티스트, 고뇌하는 방황가
			BONA	불이익	무색무취 회색인, 외모 이방인
무반응	중요	즐거움	KUPI	충분히 만족스러워서	평화로운 나르시시스트
			BUPI	그럭저럭 만족해서	편안한 원칙주의자, 평화로운 미니멀리스트
		괴로움	KUNI	소심, 주눅	현실적 이상주의자
			BUNI	형편, 무기력	방구석 공상가, 투덜이 공상가
	비중요	즐거움	KOPI	다른 관심사	안분지족 오타쿠
			BOPI	무관심, 무정보	외모 자연인 낙관적 자연주의자
		괴로움	KONI	트라우마로 회피	자발적 외톨이, 예민한 개인주의자
			BONI	무기력, 느림, 포기	선택적 중립주의자, 자발적 외모포기자

그림5. 반응 여부에 따른 페이스 코드 유형 분류

페이스 코드, 거울 볼 때마다 행복해지는 사람들의 비밀

페이스 코드 진단 문항

민감도

1. 20대부터 안티 에이징 관리가 필요하다고 느낀다.

2. 나는 내 외모의 장단점을 잘 알고 있다.

3. 나는 웨이트 트레이닝을 할 때도 남들에게 보이는 모습에 신경을 쓴다.

4. 나는 나와 타인의 몸무게 변화를 바로 알아차리고 체중에 민감한 편이다.

5. 나는 외모 트라우마가 있다.

6. 나는 나의 외모에 대한 이야기를 자주 한다.

7. 나는 하루에도 여러 번 거울을 보면서 얼굴이나 외모 상태를 자주 점검한다.

8. 외모가 부족한 사람에게는 좋아하는 마음이 안 생긴다.

9. 유행하는 패션이나 뷰티 브랜드를 꿰고 있다.

10. 얼굴(피부)의 상태, 메이크업, 헤어스타일이 마음에 들지 않으면 외출하고 싶지 않다.

11. 프로필 사진이나 인생 숏을 찍기 위해 셀피를 자주, 여러 장씩 찍는다.

12. 물건을 살 때 기능보다 디자인이 좋은 제품을 산다.

13. 나의 외모 성향은 검사로 알아내기가 매우 어려울 것이다.

생각

1. 외모가 나쁘면 '망한 인생'이라고 생각한다.

2. 2세를 위해 배우자의 얼굴을 중요하게 생각한다.

3. 다시 태어난다면 재벌보다 외모 금수저로 태어나고 싶다.

4. 성공하려면 외모보다는 실력과 심성이 더 중요하다.

5. 외모에 신경 안 쓰는 사람을 이해하기 어렵다.

6. 외모도 중요한 스펙이므로 채용에서도 매력적인 외모가 중요하다.

7. 외국인이라도 외모가 출중하다면 사귀어보고 싶다.

8. 화장이나 성형도 때론 필요하다고 생각한다.

9. 개인이 외모의 매력을 무기로 사회적으로 성공하기란 불가능하다.

10. 인간만이 아니라 동물들 사이에도 아름다운 외모는 유효하다.

11. 외모는 과거에도 중요했고, 현재에도 중요하며, 미래에도 중요할 것
    이다.

12. 일관된 미의 기준이 필요하다고 생각한다.

감정

1. 내 외모는 10점 만점에 9점 이상이라고 생각한다.

2. 요즈음은 나만 빼고 다 예쁘고 잘생긴 것 같다.

3. 너무 못난 것도 문제지만 너무 예쁜 것도 불편하다.

4. 나는 나의 외모에 대해 자부심이 있고 자랑스럽다.

5. 나는 평소 친구들로부터 외모 칭찬을 듣는 편이다.

6. 남자친구(혹은 여자친구)의 여사친(혹은 남사친)이 예쁘면(잘생기면) 불안
   하다.

7. 거울을 보았을 때 얼굴이 마음에 들지 않는 날은 하루 종일 우울하다.

8. 외모로 장난치는 말 때문에 상처를 받는다.

9. 외모의 단점이나 트러블이 하나만 있어도 남들이 볼까 봐 신경 쓰인다.

10. 예쁘고 잘생긴 사람을 보면 '현타'가 온다.

11. S사이즈를 입는 친구들을 보면 질투 난다.

12. 외모 때문에 부모님을 원망한 적이 있다.

13. 예쁜(잘생긴) 연예인을 닮았다는 소리를 들으면 기분이 좋다.

14. 셀피를 찍거나 SNS에 내 사진을 올리면 기분이 좋다.

15. 보정 안 한 셀피는 절대 SNS에 올리거나 남에게 보여주지 않는다.

16. 외모에 대한 느낌을 드러내지 않는 편이다.

반응도

1. 나는 아무리 꾸며도 예뻐지거나 잘생겨지지 않을 것 같다.

2. 만약 사고(혹은 특수한 상황)로 인해 외모가 갑자기 변한다면 나는 그것
   에 잘 적응할 수 있을 것이다.

3. 살찐 것 같다고 느껴지면 바로 저녁을 굶거나 운동을 한다.

4. '핏'을 위해 교복을 꼭 맞게 줄여서 입어봤다.

5. 수입의 절반 이상을 외모 관리에 투자한다.

6. 주위 사람들로부터 자기관리가 철저하다는 말을 들어본 적이 있다.

7. 나는 미용 관련 시술 또는 수술을 받아본 적이 있다.

8. 예쁜(잘생긴) 인플루언서가 입는 옷과 화장품을 따라서 산 적이 있다.

9. 나는 미용 시술을 한다면 티가 나더라도 확실히 예뻐지는 쪽을 택할 것
   이다.

10. 나는 메이크업이나 외모 관리에 시간을 많이 쓰는 편이다.

11. 나는 예쁜 물건들을 보면 꼭 사게 된다.

12. 나는 운동이나 쇼핑에 푹 빠져본 적이 있다.

13. 나는 외모를 개선하는 데 마음이나 비용을 쓸 여유가 전혀 없다.

FACE

Part 2

16가지
페이스 코드로 알아보는
나의 매력

CODE

1.
즐거운 관종 KUPA

Keen, Useful, Pleasure, Active
#외모만렙 #외모인싸 #관리만렙 #슈퍼우먼

여자가 가질 수 있는 가장 매혹적인 것은 자신감이다.
The most alluring thing a woman can have is confidence.

– 비욘세

"외모는 나의 즐거움!"

KUPA의 핵심은 즐거움이다. 지금까지 살면서 KUPA는 외모에 대한 결핍을 거의 느끼지 않았다. 어려서부터 예쁘다(잘생겼다)는 외모 칭찬을 자주 들었고, 그런 칭찬을 편안하게 받아들였

167가지 페이스 코드로 알아보는 나의 매력

다. 외모를 적극적으로 관리할수록 주위 사람들로부터 긍정적인 피드백을 많이 받다 보니 외모 관리가 즐겁다. 아마 지인, 친구 중에도 외모에 관심이 큰 사람이 많을 것이다.

주변의 시선을 별로 신경 쓰지 않기 때문에 대중적인 취향이나 유행을 따르기보다는 자신만의 미적 기준으로 개성 있는 스타일을 지향한다. 다양한 스타일을 시도해보려는 호기심과 열정이 커서 그날그날 기분에 따라 스타일링 하는 것을 즐긴다. KUPA는 이미 외모가 중요한 직업을 가졌을 가능성이 크다. 외모 자존감도 높기 때문에 현재의 모습을 잘 관리하고 노화 방지에 힘쓰는 등 미래에 대한 투자도 게을리하지 않는다.

KUPA는 왜 계속 예뻐지려고 할까? KUPA는 직장에서 일도 잘하고 싶지만, 솔직히 '나보다 더 예쁜(잘생긴) 사람이 있으면 안 된다.'고 생각하기 때문에 외모 관리에 늘 촉각을 곤두세운다(어릴 때도, 학창 시절에도 인기가 많았을 것이다). 자신의 외모를 즐기기도 하지만 완벽주의 성향이 있기 때문에 상당히 치열하게, 능동적으로 관리한다. 피부과나 성형외과를 부지런히 다니고 네일아트, 속눈썹 연장 같은 관리도 꾸준히 받는다. 그날의 착장이나 외모가 마음에 들지 않으면 외출도 꺼리는 타입이다.

KUPA는 사진 찍히기를 좋아한다. SNS에 셀피도 자주 업로드하고 '좋아요'와 칭찬 댓글을 수시로 확인한다(주위 사람들의 긍정적인 반응을 당연하게 여기는 편이다). 성형수술에 대해 비교적 열려 있고, 조금 더 완벽해져서 언제 어디서나 가장 멋진 모습이길 꿈꾼다.

내 모습에 취한 나, 주위에는 아첨꾼만?

성형외과에서 만날 수 있는 KUPA는 의사와 즐겁게 대화를 나누고, 어떤 새로운 시술을 해볼 수 있는지 정보를 얻길 좋아한다. 혹여 어떤 고민이 있다면 당장 병원을 찾아와서 전문가의 입을 통해 '문제가 없다.'는 말을 듣고 싶어 한다. 물론 N(불안)보다 P(즐거움)가 우세한 유형이기 때문에 반드시 해결해야만 하는 심각한 문제나 걱정거리는 별로 없다.

KUPA는 외모 관리도 자기계발의 중요한 방편이라고 생각하기 때문에 그만큼 적극적으로 노력하고 주위 사람들과 정보를 공유한다. 다만 '관종'이라고 표현한 것처럼 언제 어디서든 주목받아야 한다거나, 단점은 털끝만큼도 보여주고 싶지 않다는 강박적인 생각은 주의해야 한다. 지나친 완벽주의로 스스로를 괴롭히는 것은 아닌지 돌아볼 필요가 있다.

그리고 KUPA는 인간관계에서 큰 힘을 얻기도 하지만 큰 상처를 받기도 한다. 자신은 신나고 즐거워서 SNS에 올린 셀피지만, 남들이 무관심하거나 예상치 못한 공격을 받으면 크게 실망한다(물론 KUPA는 방수가 잘되는 새 우산처럼 스트레스가 와도 잘 튕겨내고 금세 회복한다). 무엇 하나 포기하지 않는 욕심쟁이 스타일이기 때문에, 혼자 자기 모습에 너무 취해서 떠들다 보면 주위 사람들이 피곤해하거나 질투하거나 조용히 멀어질 수 있다. 세상에는 나와 다른 사람이 훨씬 많다는 것을 명심하고, 주위 사람들의 마음에도 관심을 가져야 한다.

　무대가 크고 화려할수록 커튼 뒤의 허탈함은 어둡고 무겁다. 그럴 때 KUPA에게 가장 필요한 것은 허심탄회하게 마음을 터놓고 이야기할 수 있는 친구다. 자신의 외모에 만족하고 즐기는 것은 좋지만, 타인의 객관적인 피드백을 귀담아들어야 할 순간도 언젠가는 온다. 아첨꾼이 아니라 나의 속마음까지 받아줄 진정한 친구를 갖고 싶다면, 내가 먼저 진실한 마음을 건네야 할 것이다.

2.
평화로운
나르시시스트 KUPI

Keen, Useful, Pleasure, Inert
#여유로움 #온화 #편안 #존중 #개인주의 #나르시시스트

나에게 아름다움이란 나 자신을 있는 그대로 보여주는 것.
그리고 죽이는 빨간 립스틱이다.

Beauty, to me, is about being comfortable in your own skin.
That, or a kick-ass red lipstick.

– 기네스 팰트로

"나 정도면 됐지, 안 그래?"

KUPI의 핵심은 평온함이다. KUPI는 아름다움에 대해 예민한 감각을 가졌지만 자신에 대해 어느 정도 만족하고 욕심을 내려놓는 법도 배웠다. 예민한 미적 감각 덕분에 왠지 뷰티 쪽으로

척척박사일 것 같다. 그래서 주위 사람들이 KUPI에게 패션이나 화장품, 스타일링에 관한 조언을 구하기도 한다. KUPI는 타인을 판단할 때 외모에만 초점을 맞추지 않기 때문에 사람들은 더욱 KUPI를 신뢰한다. 진정한 장점을 발견해주는 속 깊은 친구 같달까.

KUPI는 무슨 일이 있을 때 항상 먼저 나서는 편은 아니지만, 관심의 대상이 되거나 무대에 오를 기회가 있을 때는 늘 빛나는 편이다. 외모에 대한 칭찬도 유연하게 받아친다. "네, 제가 외모가 좀 괜찮죠. 하지만 저는 정말 아무 노력도 하지 않아요." 마치 교과서만 보고 공부했다는 수능 만점자 단골 멘트처럼 세상 불공평하게(?) 들린다.

KUPI는 자신의 외모에 대해 만족한 상태이기 때문에 정말로 특별한 노력을 기울이지 않는다. 걱정이나 불안보다는 현재에 충실하고, 유유자적한 태도로 누가 뭐라고 해도 편안하게 받아준다. 하지만 유순한 겉모습과 달리 자기애와 자존감이 강하고 자기만의 세계가 확고하며 자유를 중시하는 개인주의자다.

성형외과에서 종종 만나는 KUPI는 어머니 손에 이끌려 병원에 오긴 왔지만, 정작 본인은 외모에 만족하기 때문에 수술 의지가 전혀 없다. 높은 자존감 덕분에 외모에 대해 긍정적인 인식, 편안함, 자유로움이 우세한 유형이다.

작은 변화로 큰 기쁨, 그러나 급발진 주의

  KUPI는 외모에 대한 민감함을 타고났고 외모가 중요하다고 생각한다(KU유형). 하지만 반응에 있어서는 스스로 안정과 평화를 선택했다. 자신을 잘 알기에 내린 당연한 선택이다. 외모 이외에도 KUPI는 참 운이 좋다. 좋은 사람들을 만났고 적절한 기회를 잡았으며 그래서 지금 모든 것이 편안하다. KUPI에게 항상 가장 중요한 것은 자신의 마음이다.

  KUPI는 지금과 같은 안정적인 상태를 잘 유지하는 것이 중요하다. 스스로 모든 걸 내려놨다고 생각하지만 가끔 '이래도 되나?', '이게 맞나?' 하는 생각이 든다면 오히려 그것이 자연스럽다. 나르시시즘으로 빠지지 않게 해주는 마음의 안전장치이기 때문이다.

  KUPI는 마음이 평온하기 때문에 액션을 자제하는 편이지만 그런 KUPI에게도 변화가 꼭 나쁜 것은 아니다. 또 어떤 문제를 해결하기 위해서 반드시 변해야 할 수도 있다. KUPI는 액션이 크지 않고 예민함이 발달한 덕분에 오히려 소소한 변화로도 큰 기쁨을 얻을 수 있는 유형이다. 사는 재미가 뭘까? 이런저런 도전에서 즐거움과 만족감을 얻을 수 있다면 해볼 만하지 않을까?

단, KUPI가 주의해야 할 점이 있다. 지금은 마음이 편안하지만 워낙 예민한 기질을 타고났기 때문에 사회생활에서 역할이 바뀌거나 책임이 무거워졌을 때, 혹은 일상을 흔드는 어떤 사건을 겪을 때 PI(즐거움+자제)에서 NA(분노+행동)로 돌변하기 쉽다. 이런 경우 갑자기 병원에 찾아와서 당장 수술을 해달라고 한다. 그냥 조금, 서서히가 아니라 전부, 당장 바꿔달라고 한다. 숙고하지 않았고 확신도 없는데 급발진하듯 수술을 감행하는 환자들이 대부분 그렇다.

PI유형은 급작스러운 변화에 취약하기 때문에 그런 상황에 대해 미리 마음의 준비를 해두어야 한다. 평소 반응을 자제하던 사람이 돌변하면 폭발적인 추진력이 생긴다. 알다시피 성형수술은 불가역적이다. 되돌릴 수 없는 일이니만큼 신중하게 고민하고 스스로가 충분히 납득해야 후회하지 않는다. 덧붙여 P유형은 엉뚱한 성형이나 홧김에 하는 성형을 주의하고, N유형은 과도한 성형을 주의해야 한다.

외모는 변한다. 세상도 변한다. 살다 보면 평온한 일상에 균열이 생기는 힘든 날도 온다. 그럴 때 "내가 변했나?" 하며 괴로워할 필요 없다. 주위 사람들은 마음이 평화로운 KUPI를 좋아하고 신뢰한다. 혼자 있는 시간도 즐겁고 편안하겠지만, 사람들과 많이 만나고 교류하길 추천한다. 세상의 변화, 외모의 변화를 받아들이고 종종 새롭고 재미있는 일에도 도전하면서 충만한 인간관계를 쌓아나가다 보면, 살면서 만나는 어떤 고비나 난관도 수월하게 뚫고 지나갈 수 있을 것이다.

3.
화려한 행동가 KUNA

Keen, Useful, aNxiety, Active
#N잡러 #빅마우스 #행동가 #팔방미인 #마이웨이 #나르시시스트

나는 그 어떤 것에도 만족하지 못한다,
나는 완벽주의자다. 완벽주의는 내 모습의 일부다.
I'm never pleased with anything,
I'm a perfectionist, it's part of who I am.

– 마이클 잭슨

"최신 트렌드는 나에게 물어봐!"

KUNA는 어린 시절부터 외모에 예민했다. 오랜 시간 거울을
보면서 여기는 이렇게, 저기는 저렇게 바꾸고 싶다고 나름대로
구체적인 계획도 세웠다. 외모 이외에도 다방면으로 관심이 있

지만, 외모 또한 성취와 완성의 대상이라고 생각한다. 그래서 학업이나 커리어에 힘을 쏟는 만큼 외모에도 노력을 많이 해왔다.

개성이 뚜렷한 KUNA에게 외모는 중요한 자기표현 수단이다. 자신을 캔버스 삼아서 메이크업이나 옷, 액세서리로 그날그날 기분을 표현한다. 유행을 창조해내는 트렌드세터인지라 '화려한', '예술적인' 같은 수식어가 잘 어울리는 유형이다.

그래서 KUNA는 할 일이 무척 많다. 퍼스널컬러 진단도 한 군데에서 받은 것으로는 만족하지 않고, 미용실도 이곳저곳 바꾸어가며 새로운 헤어디자이너를 찾는다. 좋아하는 뷰티, 패션 브랜드도 다양하다. 말하자면 KUNA는 '뷰티 디깅beauty digging'을 멈추지 않는다. 뷰티 디깅은 그만의 스트레스 해소법이기도 하다.

다만 KUNA는 현재 자신의 외모에 만족하지 못한다는 고충이 있다. 사실 이러한 콤플렉스는 KUNA에게 외모를 더욱 열심히 관리하고 가꾸게 만드는 원동력이기도 하다. 화장품부터 헤어스타일, 옷, 안경까지 요모조모 바꿔보았지만 왜 늘 뭔가 부족할까? 어쩌면 KUNA는 이미 너무 많은 시간을 거울 앞에서 보냈을 것이고, 옷을 사고 고민하고 반품하는 일을 반복해왔을지도 모른다. 사도 사도 만족스럽지 않고, 아무리 애써도 결핍감이 지속된다면 심각한 경우 쇼핑중독, 성형중독에 빠지기 쉽다.

문제의 원인이 뭘까? KUNA는 무언가를 선택할 때 자기 주관이 아닌 남의 말에 영향을 크게 받는 편이다. 소위 '팔랑귀'다. 최고의 선택을 했는지 아닌지는 선택 이후에 알 수 있는데, KUNA는 남들의 이야기를 듣고 결정해버리기 때문에 결과에 미련을 갖기 쉽다. 이미 선택한 후에도 끊임없이 되묻는다. '이 헤어스타일이 나에게 정말 잘 어울릴까?', '이 옷을 입으면 남들이 뭐라고 하지는 않을까?' 이런 생각을 계속하면서 남들의 반응을 신경 쓰고 확인한다. 타인의 인정을 통해 자신의 선택이 옳았음을 확인하려 하니 '사후결정 부조화'가 자주 일어난다.

KUNA는 행동이 빠르고 과감하다. 그래서 과도한 성형이나 여러 곳을 급하게 몰아서 하는 성형에 유의해야 한다. 예를 들어 남편의 외도를 알게 되어 홧김에 성형외과를 찾은 부인이 있다고 치자. 그녀는 자신에게 스트레스를 준 남편의 내연녀보다 더 예뻐져야겠다며 수술을 결심했다. 원래 그런 유형이 아니었지만 일시적인 충격으로 외모에 부정적인 감정을 느끼고 적극적으로 행동하게 된(NA유형) 경우다.

또 화면에 잘 나오기 위해 외모 관리를 시작한 인강 선생님의 경우도 비슷하다. 오프라인 강의에서는 괜찮았는데, 온라인 수업을 자주 하다 보니 '화면발'에 예민해진 것이다. 게다가 주로 어린 학생들과 만나다 보니 트렌디한 패션과 헤어스타일에 관심이 많아졌고, 좀 더 어려 보이기 위해 피부 관리나 몸매 관리를 철저히 한다. 비슷한 예로 10년 넘게 구독자 수백 만의 인기 유튜버로 활동해온 한 남성 크리에이터는 과거 영상과 너무 달라 보이는 자신의 모습을 못 견디겠다며 주기적으로 여러 미용 시술을 받으며 관리하고 있다. 구독자들의 외모 지적 댓글도 영향을 미쳤을 것이다.

이처럼 직업적으로 남들 앞에 서는 배우, 연기자, 강사, 크리에이터 중에 KUNA가 많다. 시청자, 청중, 관객, 구독자의 사랑을 받아야만 하는 직업이니만큼 이들에게 외모 관리는 필수다. 이들은 원하는 바가 확고하다면 망설이지 않고 성형수술을 한다. 즐거워서라기보다는 외모가 곧 경쟁력이기 때문이다. 또 외모와 관련된 직업이 유행에 민감하다 보니, 뭔가 새로운 유행에 동참하지 않으면 불안해져서(그것이 비록 일시적인 유행일지라도) 무리하게 또는 과도하게 변화를 시도했다가 후회하는 경우도 있다.

팔랑귀 붙잡고 N버튼을 다스리자

KUNA는 트렌드에 밝고 민감도가 높다. 빠른 실행력과 적극성도 장점이다. 겉으로는 항상 밝고 에너지가 넘치며 주위 사람들에게 즐거움을 주지만, 내면에는 자기만의 그늘이 있어서 늘 뭔가가 부족하고 불안하다. 그러다 보니 자꾸만《백설공주》에 나오는 왕비처럼 남의 시선으로 자신의 외모를 판단하고 확인받으려 한다.

KUNA에게 필요한 것은, 남의 시선이 아니라 자신이 추구하는 것이 무엇인지 생각해보는 일이다. 직업 때문이든, 세상의 요구 때문이든 여러 가지 외모 변화를 시도할 것이다. 어떤 이유로 행동을 하더라도 결국 "내가 행복한가?"라는 질문에 "그렇다."라고 답할 수 있어야 한다. 지나치게 외모를 도구화하려고 하는 것은 아닌지도 돌아볼 일이다. KU유형(민감+유용-)들은 간혹 자기도 모르게 외모를 무기화, 도구화한다. 조금 느긋한 마음을 가질 필요가 있다.

그러기 위해서는 어떻게 해야 할까? 무엇보다 자신의 N을 잘 알고 관리해야 한다. 나의 불안, 걱정, 열망은 무엇인가? 나는 어느 지점에서 무엇을 건드리면 폭발하는가? N버튼을 누르는 역린을 알면 과도한 반응을 다스릴 수 있다.

앞서 설명했듯이 평온하고 소극적이던 PI가 NA로 돌변하는 경우가 종종 있다. 배우자의 외도나 자녀의 독립 같은 사건으로 인해 PI가 NA로 바뀌면 성급하게 성형수술을 결정하기도 한다.

40대 중반의 한 환자는 자녀들을 모두 대학에 입학시킨 후에 대대적인 성형수술을 했다. 아이들이 다 크고 나니 가벼운 우울증이 찾아왔고, 갑자기 성형수술을 해야겠다고 결심한 것이다. 억눌러왔던 무언가가 엉뚱한 방향으로 폭발한 걸까? PI가 NA로 바뀌면서 갑작스럽게 큰 변화를 시도한 경우였다.

그런데 수술 후에 자녀들이 "우리 엄마 같지가 않아."라고 하자 그녀는 크게 상처를 받았다. 얼마 후 다시 원래대로 바꿔달라며 찾아왔다. 준비되지 않은 변화에 대해 마냥 낙관적인 기대만 할 수는 없다. 결과가 예상과 달리 별로 만족스럽지 않을 수도 있고, 수술이 잘되었어도 어색해하는 주위 사람들의 반응에 실망해 스스로가 그 상황을 못 받아들일 수도 있다. NA유형은 그 점을 유의해야 한다.

4.
현실적
이상주의자 KUNI

Keen, Useful, aNxiety, Inert
#my_way #소심한 #겸손한 #아이디어창조자 #비판적

너는 너다. 사람들이 받아들이지 못한다면, 유감이지만 어쩔 수 없다.
It's about being who you are. If people can't accept it, too bad.

– 카일리 제너

"닿을 수 없다면 포기해야겠지…?"

KUNI는 예술적 감수성이 남다르다. 학창 시절에는 친구들에
게 메이크업 아티스트 수준으로 화장을 해주었을 것이다. 재주
가 많고 센스가 뛰어난 KUNI는 아름다움에 대한 기준과 외모

에 대한 기대치가 아주 높은 유형이다. 시각적인 자극에 예민한 데다 외모가 매우 중요하다고 생각하기 때문에 이미 비주얼 관련 직종이나 예술 계통에서 화려한 사람들과 함께 일할 가능성이 크다.

KUNI의 가장 큰 고민은 이상과 현실의 괴리다. 너무 높은 이상에 비해 현실이 따라가지 못하니 아예 포기하고 싶은 마음도 든다. KUNI는 외모 때문에 스트레스를 받지만 행동은 주저하는 유형이다. 목표가 너무 높아서, 원래 내성적이어서, 확신이 없어서, 상황이나 여건이 안 돼서 등등 행동하지 않는 이유는 다양하다. '난 안 될 거야.' 하는 부정적인 인식도 강한 편이다.

KUNI는 철저하게 자신을 낮추는 스타일이다. 외모보다는 지위나 직업, 작품으로 자신을 봐주길 바란다. 연예계나 예술계 등에서 평소 너무 예쁘고 잘생긴 사람들에 둘러싸여 있다 보니 자신의 외모에 대해서도 기준이 도무지 낮춰지지 않는다. 하지만 예뻐지려고, 멋있게 보이려고 아등바등하는 사람들 역시 수없이 지켜보았기 때문에 자신의 한계를 일찌감치 파악했다. 대신 자신만의 유니크한 스타일을 창조하는 아티스트로 살아간다.

KUNI는 아름다움을 탐닉한다. 일에서도 생활에서도 아름다운 몸과 얼굴을 가진 이들을 유심히 관찰하고 감탄한다. 하지만 자신의 외모를 바꾸려는 노력은 하지 않는다. 현실과 타협한 셈이다. 오디션에 떨어질 때마다 성형외과를 찾는 연예인이 KUNI의 대표적인 사례다. 상담은 자주 하지만 수술은 하지 않는다. 성형외과 의사에게 자기 얼굴의 장단점을 여러 번 물어보지만, 행동을 자제하는(I유형) 성향 때문이다. 수술할 의지가 없고, 상황이 여의치 않다는 것만 계속 확인할 뿐이다. 비슷한 예로 외모 때문에 면접에서 탈락했다고 믿는 구직자 중에도 KUNI가 많다. 외모를 바꾸고 싶어 하지만 실제로 어떤 행동도 취하지 않는다. 간혹 외모 이야기만 나와도 손바닥에 땀이 나고 심장이 두근거린다는 KUNI도 있다.

예고 입시나 연예인 데뷔 준비를 해본 사람이라면 잘 알 것이다. 세상에 어쩌면 이렇게 예쁘고 잘생긴 사람이 많은지. 그것이 바로 KUNI의 심경이다. 자신의 외모를 바꿔보려는 열정도 식었다. 간혹 필터 앱이나 포토샵으로 한껏 보정한 셀피를 매일 업로드하는 KUNI가 있다. 실제 모습과 상당히 다르지만, 자신이 생각하기에 가장 예쁘고 멋진 모습을 SNS에 올려 과시하는 것이다. KUNI가 아니더라도 10, 20대 환자들은 지나치게 보정을 많이 한 셀피(실제 모습과 너무 다른)나 AI가 수정해준 사진을 가져와서 이렇게 수술해달라고 요청하기도 한다. 사실 그 정도는 큰 문제가 아닌데(한창 외모에 예민한 시기이므로 일시적으로 그럴 수 있다), 거기에서 더 나아가 'SNS 외모 중독자'가 되면 SNS의 자아와 실제 자신이 너무 달라서 아예 집 밖으로 나가지 못하는 일도 생긴다.

의미 없는 남의 이야기는 그만

KUNI는 혼자 오해하고 속 끓이는 일이 잦다. 지나가다 동료에게 말을 걸었는데 대답 없이 지나갔다면? KUNI의 머릿속에서는 비관 회로가 돌아간다. '왜 내 말을 못 들은 척하지?', '내가 뭘 잘못했나?', '오늘 너무 후줄근해서 나 무시하는 건가?' 하면서 말이다. 급기야 '아무도 나에게 먼저 말을 안 거네…. 다들 나를 싫어하나 봐.'까지 확대해석한다. 상대방이 휴대전화를 보느라 그냥 지나쳤을 수도 있고, 기분이 우울해서 먼저 인사를 못했을 수도 있다. 또 어떤 사람은 원래 인사에 그리 신경을 안 쓰기도 한다. KUNI의 비관 회로는 우주 멸망까지 가야 비로소 끝이 난다. 그러다 보니 간혹 외모에 대해 이야기하는 것조차 극도로 꺼리는 KUNI도 있다.

정작 상대방은 신경 쓰지 않는데, 왜 모든 문제의 원인을 자신에게서 찾는가? 외모 인식도 마찬가지다. 대체로 사람들은 남의 외모에 별로 관심이 없다. 내 배가 나왔든 들어갔든, 콧구멍이 크든 작든 관심이 없다는 말이다. '나만큼' 내 외모에 관심과 열정을 갖는 사람은 없다.

외모로 누군가를 차별하거나 고통스럽게 하면 안 되겠지만, 여전히 세상 사람들은 외모를 주제로 스몰토크를 한다. 그때마다 상처받고 괴로워할 것인가? "안색이 환해졌네요?" 하면 '살쪘다는 소린가?'로, "립스틱 색깔 쨍하고 예쁘다." 하면 '너무 진해서 촌스럽다는 건가?' 하고 해석할 필요가 있을까? 그냥 별 의미 없는 스몰토크일 뿐이다. 거기에 일일이 반응하며 속으로 생채기를 내는 것은 KUNI 자신이다. 두려움, 불안, 걱정을 조금만 내려놓고 유연한 마음을 가지면 언젠가는 내 외모를 편안하게 받아들이고 즐길 날이 올 것이다.

5.
즐거운
완벽주의자 KOPA

Keen, Optional, Pleasure, Active
#계획 #야망 #완벽주의 #갓생살기 #전략가 #추진력 #통솔 #성공

영원히 살 것처럼 꿈꾸고, 오늘 죽을 것처럼 살아라.

Dream as if you're going to live forever,
and live as if you're going to die today.

– 제임스 딘

"이상하다? 어제보다 오늘은 덜 예쁜데?"

KOPA는 외모에 상당히 많은 에너지를 쏟는다. 단순히 외모에만 관심이 큰 것이 아니라 커리어, 매너, 미식, 문화생활까지 다양한 방면에 에너지를 쏟는 완벽주의 열정가다. '완벽'을 추구하기 때문에 길을 걸을 때 모든 창문과 거울에 자신을 비춰보며 생각한다. '역시, 나는 오늘도 완벽해!' 또 셀피를 자주 찍어 자신의 모습을 점검한다. 남들이 뭐라고 하든 말든 완벽한 내 모습을 사랑하는 유형이다.

지금의 외모도 충분히 멋지고 만족스럽지만, KOPA는 미래에 대해서도 완벽하게 계획해두고 대비해두어야 마음이 놓인다. 커리어도, 인간관계도 KOPA는 늘 계획하고 준비한다. 자기 관리에 철저하고 궁극의 육각형 인간을 추구하는 적극적인 행동파라서 외모 역시 중요한 스펙으로 관리하고 통제한다.

P유형답게 자신의 삶에 만족하고 즐겁게 살아가지만, 즐거움과 별도로 관리에 매우 적극적이다. U유형과 달리 O유형은 외모가 자신의 여러 특징 중 하나일 뿐이라고 생각한다. 꼭 외모가 뛰어나야만 성공하거나 행복한 것은 아니지만, KOPA의 경우 예민한 기질은 어쩔 수 없어서 외모의 흠결을 용납할 수가 없다. 어쩌면 성장 과정에서 외모와 관련된 상처가 있었을 수도 있다. 하지만 낙천적인 성격 덕분에 상처를 금방 잊었을 것이다. 그래서 자연스럽게 자기 자신을 철저히 관리하고 계획하는 성정이 몸에 배었다. 완벽주의자답게 외모를 관리하는 방식도 남다르다. 피부과나 에스테틱 등에 갈 때도 가장 잘하는 곳으로 철저하게 조사한 후 방문한다.

KOPA는 매사에 고도의 집중력을 발휘하는 뛰어난 전략가인 경우가 많다. 그런 자신의 지적 능력과 전략적인 문제 해결력에 대체로 만족하며 산다. 그래서 KOPA 중에는 피부과 VIP 고객이 많다. 계획형이라 예약은 필수이고, 보톡스나 레이저 시술 같은 피부 관리를 주기적으로 받아야 스스로 안심한다. 성형수술은 무언가 문제가 있거나 부족해서 한다기보다는 더 완벽해지기 위해 시도하는 편에 가깝다. 가령 눈 성형수술 후에 조화가 약간 안 맞는다는 생각이 들면 코 수술을 곧바로 결심하는 타입이다. 전체적인 균형을 중시하기 때문이다.

이건 일이 아니야! 통제욕을 내려놓자

KOPA에게 외모는 일종의 '개발도상지역'이다. 아무리 발전하고 완성에 가까워져도 KOPA는 '뭔가 부족한 것이 없나?' 하며 단점 찾기에 집중한다. 대칭과 비율까지 세세하게 따지는 것은 기본이고, 외모와 관련한 온갖 심리 테스트는 다 찾아서 해보았을 것이다. 주위 사람들이 보기에 약간 피곤할 수도 있다. KOPA는 항상 경계하는 마음으로 자신의 외모를 관찰한다. 조그만 단점이라도 발견하면 마치 회사 업무처럼 즉시 투 두 리스트^{To do list}를 작성한다. 그러고 나서 하나씩 계획을 세워 해결해 나간다.

외모는 일이 아니다. 통과하거나 합격해야 하는 테스트도 아니다. 하지만 KOPA는 외모조차 마음대로 통제하려는 욕구가 크다. 문제는 외모가 좀처럼 마음대로 통제되지 않는다는 것이다. 그러니 좀 더 편안하게 생각하길 바란다. 남에게 보이는 면도 중요하지만, 적절한 운동으로 건강을 돌보다 보면 마음이 한결 편안해질 것이다. 운동은 보이는 몸뿐만 아니라 기능하는 몸까지 사랑하게 해준다.

미래에 대한 걱정도 조금은 내려놓을 필요가 있다. 지금 충분히 젊고 아름다운데, 왜 10년 뒤, 20년 뒤를 걱정하느라 이 아까운 시간을 낭비하는가? 사실 노화는 통제하기 어렵다. 아무리 열심히 관리하고 다양한 성형수술을 해도 시간의 자연스러운 흐름을 마음대로 조절할 수는 없다. 모든 걸 마음대로 바꾸겠다는 오만은 인간의 어리석은 욕심일 뿐이다.

6.
안분지족 오타쿠 KOPI

Keen, Optional, Pleasure, Inert
#예민 #꼼꼼함 #정리의 달인 #신뢰 #디테일 #보수적인

정원에 있는 꽃처럼 아이맥에는 불필요한 부분이 하나도 없어야 한다.
Like flowers in the garden,
there should be no unnecessary parts of the iMac.

– 스티브 잡스

"나는 그냥 이대로가 좋아!"

주위 사람들은 KOPI가 외모에 관심이 없을 것이라고 생각하지만, 사실 KOPI는 아름다움에 대해 상당히 예민한 기질을 타고났다. 미감이 뛰어나고, 시각적인 자극에 예민한 편이다. 다만 자신의 외모에 별 관심이 없고, 누가 뭐라든 스트레스를 덜 받을 뿐이다. 외모를 보는 감각만큼은 남다르게 발달했기 때문에 자신이 아닌 다른 사람들의 외모에 관심이 크다. 그리고 그것이 아이돌이나 캐릭터 같은, 현실에서 만나기 힘든 존재들을 향할 수도 있다. KOPI가 추구하는 아름다움은 현실보다는 가상 세계나 화려한 무대 위에 존재한다.

KOPI는 지적이고 예민하며 미감이 뛰어나다. 그래서 궁극의 아름다움을 미술이나 글로 승화시킬 대상으로 여긴다. 하지만 외모가 중요하다고 생각하지는 않기 때문에 막상 자신의 외모에 대해서는 스트레스 받지 않고 그래서 행동도 자제하는 유형이다. 어쩌면 그런 성향 때문에 외모가 별로 중요하지 않은 직업이나 직군에서 일할 수도 있다. 유니폼(혹은 실험복, 작업복)을 입는 직장이나 여성의 경우 남성이 압도적으로 많은 남초 회사 등에서 일하는 사람 중에 KOPI가 많다. 지적인 업무를 한다면 더욱 외모에 무심할 것이다(이들은 외모가 너무 특이해서 튀지만 않으면 된다고 생각한다).

행동을 자제하는 편이지만, 한편으로는 디테일에 매우 강하다. 매일 같은 옷만 입는 것으로 유명한 스티브 잡스나 마크 저커버그를 생각해보라. 예를 들어 청바지만 입는 KOPI가 있다고 치자. 주위 사람들은 이 사람이 청바지가 편하고 좋으니까 아무

청바지나 입나 보다 하고 생각하겠지만, KOPI는 나름대로 다양한 브랜드와 디자인의 청바지를 입어본 후 자신만의 스타일에 꼭 맞는 것을 고르고 골라 선택했을 것이다. 이런 사람들은 일상에서 업무 처리도 엄청나게 꼼꼼하다. 실제로 IT 업계 CEO 모임에 가보면 약속이라도 한 듯이 모두 청바지에 하얀 셔츠를 입고 있다. 하지만 셔츠의 칼라와 소매는 디테일이 다 다르다. 청바지도 다 엇비슷해 보이지만 밑단이나 워싱이 다 다르다. 이들은 몸담은 업종의 특성 때문인지 악마 같은(?) 디테일로 각자의 개성을 남모르게 표현한다. 꼼꼼한 KOPI는 화장품을 고를 때도 전 성분 확인은 필수이고, 하나하나 따지며 유해 물질이 있는지 꼼꼼히 챙긴다.

KOPI는 피부과나 성형외과를 찾을 때 질문 리스트를 들고 가는 경우가 많다. 피부과 시술 설명을 듣고 나면 "약에 어떤 성분이 들어가나요?", "어느 나라에서 수입한 것인가요?" 같은 질문이 기본이다. 해로운 성분은 없는지, 국산인지 수입품인지를 깐깐하게 고르고 따진다. 물론 방문 전에 이미 주도면밀한 조사를 마치고 확인 차 물어본 것일 수도 있다.

성형외과에 올 때도 후기를 철저히 정독하고 의사의 경력, 수술 방법, 수술 시간, 회복 기간 등에 대해 재차 확인한다. 이들은 다시 수술하더라도 같은 곳에 맡길 수 있을 정도로 완벽하게 검증된 소비를 선호하기 때문이다. 의사나 병원에 대해 한번 믿음이 생기면 그다음부터는 따지지 않는다.

다양한 도전으로 새로운 자신을 만나라

KOPI는 외모에 매우 예민하고 기준이 높아서 잘생기고 예쁜 아이돌을 사랑하는 열성 팬이 많다. 하지만 자신의 외모에 대해서는 이미 긍정적인 자각과 균형감, 안정감을 가졌기 때문에 별로 스트레스를 받지 않는다. 현재 직업적으로 좋아하는 일을 하고 있어서 그럴 수도 있다. 게다가 미적 감각이 뛰어나서 어떤 상황에도 자신에게 잘 어울리는 모습을 연출하는 능력도 있다. 이러한 긍정적인 자세와 태도를 갖추었는데, 또 어떤 변화가 필요할까? 아마도 현재의 상태를 지속시키기 위해서는 외모에 대한 고민이나 부담을 최소화하는 것이 중요할 수 있다. 여기서 말하는 '부담'은 외적인 변화나 타인의 평가에 대한 불안감을 말한다.

주위 사람들의 눈에는 KOPI가 조금 단조롭거나 따분해 보일 수도 있다. 지금 이대로도 좋지만, 조금 더 다양한 방면에 관심을 갖고 새로운 스타일에 도전해보는 것도 좋겠다. 새로운 스타일, 색다른 패션 아이템 시도해보기, 특별한 날에 헤어스타일 바꿔보기 등 여러 가지 도전이 가능하다.

KOPI는 이미 외모에 대해 상당히 객관화된 관점을 가지고 있기 때문에 억지스럽거나 무리한 변화를 시도하지 않을까 걱정할 필요는 없다. 오히려 그런 변화를 통해 경험의 폭이 넓어지고 자신의 새로운 면모를 발견할 것이다. 어떤 도전이든 스스로에게 가장 편안하고 행복한 것을 현명하게 잘 선택한다.

7.
고뇌하는 방황가 KONA

Keen, Optional, aNxiety, Active
#고뇌 #방황 #고독 #예민 #사회주의

내 세상은 아주 빨리 왔다. 많은 슬픈 과거에 기반했다.
사람들은 내가 길을 잃을 거라고 예상했다.

My world came very quickly,
based on a lot of sad pasts. People expected me to get lost.

– 저스틴 비버

"이게 다 외모지상주의 때문이야!"

KONA는 아름다움에 대한 섬세한 감각을 타고났다. 하지만
관심과 취향을 밖으로 발산하는 편은 아니고 내성적인 편에 가
깝다. 간혹 어린 시절에 형제자매와 비교당해서 외모에 대해 소

심해지고 위축된 KONA도 있다. 어른이 된 지금은 대수롭지 않은 척해도 성장기에 경험한 상처는 기질적인 예민함과 더해져 생각보다 깊은 흉터로 남았을 수도 있다. 또 자신 혹은 주변 사람들의 압박 때문에 괴로울 수도 있다.

평범하게 살던 KONA는 어떠한 계기로 '외모를 바꾸면 이 상황이 좀 나아질까?' 하는 생각에 주변이 깜짝 놀랄 만큼 큰 변화를 시도해보기도 한다. 구직과 같은 압박감을 느끼면 KONA는 일종의 반항심리처럼 과감한 변화를 시도한다.

KONA는 어렸을 때 겪은 어떤 트라우마 때문에 "외모가 인생에 그다지 중요하지 않다."고 자신을 설득해왔다. 그러나 타고난 미적 예민함 때문에 외모에 대한 스트레스와 불만족은 무시할 수 없는 상태다. 그래서 성형이나 시술을 해야 할지 말아야 할지 남모르게 늘 고민한다.

내성적인 성격이지만 특이하고 독특한 스타일을 지향하는 KONA도 있다. 이들은 특이한 패션이나 개성적인 헤어스타일로 반항심을 표현한다. 가령 록스타들의 무대의상이나 헤어스타일, 애니메이션 주인공을 따라 하는 코스프레 복장, 개성 넘치는 일본 하라주쿠 스타일 등이다.

KONA는 심적으로 방황하면서도 외모에 대한 기대치가 높다. 하지만 노력한다고 그 높은 기대치를 달성할 일은 없으니 대신 포토샵, 필터 등으로 셀피를 과하게 보정해 올리는 데 집착할 수 있다. 앞에서도 나온 'SNS 외모 중독자'처럼 인스타그램에서는 자신이 좋아하는 외모로 살 수 있으니 현실로 나오지 못하는 것이다.

화려하지만 자신을 억압하는 아티스트

아메리칸 하드록의 원조 밴드인 '키스kiss'는 특수분장과 가면으로 얼굴을 가리고 괴기스러운 복장을 한 채 무대에 선다. 이렇게 하지 않으면 결코 음악을 할 수 없다고 말할 정도로, 요란한 분장은 이들의 트레이드마크다. 무대에서는 드라이아이스 연기가 피어오르고 화염이 뿜어져 나오며 피를 뿌리는 퍼포먼스까지 펼쳐진다. 실제 자신과 다른 특별한 페르소나persona를 연출함으로써 반항심을 어필해 대중에게 큰 사랑을 받았다.

코스프레 역시 독특한 패션으로 자신을 표현하는 소소한 저항이자 일탈이다. 좋아하는 애니메이션 주인공처럼 옷을 입고 분장한 채로 동호인들과 만나서 개성을 뽐낸다. KONA는 감정의 변화가 있을 때마다 타투나 피어싱 같은 것으로 꼭 티를 낸다. 어렸을 때 생긴 흉터가 있다면 과도한 성형도 불사한다. 화상 사고 같은 외모 트라우마를 겪고 나서 KONA가 되는 경우도 있는데, 이들은 외모에 대한 상처 때문에 겉으로는 관심 없는 척 하지만 속마음은 다르다.

"이 또한 지나가리니…"

KONA는 왜 외모가 중요하지 않다고 생각하면서, 눈에 띄게 멋진 사람이 되려고 노력하는 걸까? 예민한 미감을 타고난 덕분 에 늘 외모 변화에 빠르게 반응하고 신경 쓰며 살아왔다. 하지만 외모 스트레스를 외면하고 싶은 이중적인 마음도 있다. 타인을 외모로 판단하거나 무시하는 일은 거의 없지만, 언제나 자신의 외모는 부족하다고 느낀다. A유형답게 '교정'이라는 단어에 쉽 게 반응하는 KONA는 자신의 외모에 대한 교정을 멈추지 않는 다. 교정을 통한 성취와 만족도 있겠지만 무리한 교정을 밀어붙 이는 것을 보면 가끔 안쓰러울 때도 있다.

KONA는 즐겁지 않은 상태로 외모에 신경을 너무 많이 쓰는 이중적인 마음을 돌봐야 한다. 기질적으로 자연스럽게 외모에 신경 쓰고 반응하는 한쪽 마음과, 반대로 외모 따위 무시하고 싶 은 다른 쪽 마음을 서로 화해시켜야 한다. 타인의 시선에 신경 쓰기를 멈추고, 있는 그대로의 자신을 받아들이고 사랑하는 일에 전념해야 한다.

그러기 위해서는 우선 자신만의 P를 되찾아야 한다. 무엇이, 누가 KONA의 평온과 즐거움을 빼앗아갔을까? SNS로 겉모습만 탐닉하는 가벼운 인간관계가 많아질수록 N(걱정, 불안, 분노)이 늘어날 수밖에 없다. 외모가 아니더라도 지금 하는 일에서 재능을 펼치고 성취감을 느껴보면 어떨까? 피상적인 관계가 아닌 진실한 인간관계에서 얻는 안정감은 N을 P로 바꿔준다.

만약 가족, 친구, 지인 등 주변 사람들과의 연결이 과다한 경우라면, 그것 역시 정리해야 한다. SNS 활동을 줄여 사방팔방으로 뻗은 촉수를 잠시 꺼두고, 명상이나 글쓰기 등으로 자신의 마음에 집중해보기 바란다. 지금 나의 자아가 어디에, 무엇에 집중하고 있는지 돌아보자.

8.
선택적 개인주의자 KONI

Keen, Optional, aNxiety, Inert
#독자적 #나만의_세계 #나르시시스트 #선택적_개인주의

다이어트는 인생의 전부가 아니다.
피자나 감자튀김은 하느님이 주신 선물과 같다.

Diet is not everything in life, pizza or fries are like gifts from God.

- 제니퍼 로런스

"나는 그냥 나의 길을 갈게."

KONI는 매우 지친 상태다. 예민한 기질을 타고났지만, 외모가 그리 중요하거나 유용하다고 생각하지는 않는다. 외모에 대해 부정적인 감정 혹은 고민이 있어도 액션은 거의 없다. 외모

167가지 페이스 코드로 알아보는 나의 매력

조언이나 지적에 유난히 피로하다(한마디로 '지긋지긋하다'고 생각한다). 그래서 사람을 많이 만나는 직업보다는 독립적으로 처리하는 업무에 더 뛰어난 편이다. 취미 역시 단체보다는 혼자 하는 활동을 좋아한다.

성장 과정에서 마음의 상처를 입은 걸까? KONI는 외모 얘기가 유난히 불편하다. 사람들이 쳐다보기만 해도 왠지 '내 이야기 하나?' 하는 두려움을 느낀다. 외모에 대해 유난스럽게 조언하고 지적하는 주변 사람들 때문에 질려버린 경우도 있다. KONI는 자기 주관이 뚜렷하고 자기만의 길을 가는 사람들이다. 남들이 뭐라고 하든 외모에 관해서는 중립주의자의 길을 선택했다. 하지만 KONI는 면접에서 탈락했을 때 외모 때문이라고 속단하는 이중적인 마음도 가졌다. '어떻게 내 진면목을 못 알아보고 외모로만 사람을 판단할 수가 있지?' 하고 분노한다.

KONI는 외모 스트레스가 있지만 액션은 하지 않는다. 이런 면에서는 뒤에 나오는 BONI와 유사하지만, 사실 KONI는 표현하지 않을 뿐 미감이 발달했고 트렌드에 밝으며 자기 주도적이다. 예를 들어 딸만 다섯인 집안의 시크한 막내딸을 떠올려보자. 가부장적인 아버지와 예쁘고 애교 많은 엄마, 드센 언니들에게 이리저리 치이고 간섭받으며 살아왔다. 예쁘고 비싼 옷만 좋아하는 세속적인(?) 언니들을 보면서 한심하다고 생각했을 것이다. 이런 가정의 막내딸 KONI는 '나에게 중요한 것은 사랑, 여유, 지적인 만족감이야. 외모는 중요하지 않아. 나는 그냥 나의 길을 갈래.' 하고 생각한다.

페이스 코드는 살면서 상황에 따라 바뀔 수 있다. 어린 자녀 육아에 몰두하느라 외모에 신경 쓸 겨를이 없는 엄마, 수년간 시험을 준비해야 하는 장기 수험생, 외모 때문에 취업이 안 된다고 생각해 아르바이트만 하는 프리터족 등이 일시적으로 KONI일 수 있다. 아이가 어느 정도 자라면, 시험에 합격하거나 취업한 후에는 다른 유형으로 바뀌기도 한다.

인정하지 않으면 통제할 수 없다

KONI는 '이 사회의 외모지상주의가 끊임없이 나를 괴롭힌다.'고 생각한다. 하지만 현대인이 이 외모지상 현대사회에서 도망칠 수 있을까? 자신만 옳고 남들은 다 잘못된 걸까? 그렇다 한들 내가 뭘 바꿀 수 있을까. 그러니 이렇게 괴로워하기만 해서는 안 된다. 세상에는 나와 너무 다른 사람들이 많고, 그들이 꼭 내 마음에 들어야 할 이유도 없다. 옳고 그름을 가리는 것 역시 의미 없다. 기본적으로 내가 그들을 바꿀 수 없다면 인정하거나 무시하는 수밖에. 그럼에도 뭔가 억울하고 분한 KONI는 어떻게 해야 할까?

전 세계 인구의 30%가 불안장애를 경험한다고 알려져 있다. 불안감은 누를수록 더 올라온다. 불안감 자체를 인정하고 어떻게 대응할지를 고민해보자. 물론 인정한다는 것이 동의한다는 것은 아니다. 타인의 판단과 나의 판단 사이에 경계를 세워 구별하고, 현재 내가 괴롭거나 불안하다면 그것도 인정해야 한다. '아, 지금 내가 불안하구나.' 하는 '메타 인지'가 필요하다. 인정하지 않으면 통제도 할 수 없다.

KONI가 불안한 이유는 타고난 기질 혹은 살면서 얻은 경험들 때문이다. 타인의 조언과 지적이 맞을 수 있다는 생각이 들어서 불안한 것이다. 그럴 때는 과감히 그걸 인정하고, 그 이유를 없애보는 건 어떨까? 그리고 너무 자주 혼자 있지 말라는 조언을 하고 싶다. 아무리 싫고 지긋지긋해도 사람이 외톨이로 살 수는 없다. 누굴 만나든 상대가 가진 장점을 찾아내는 연습을 해보고, 자신이 상처받는 것이나 원하는 것에 대해 구체적으로 정확하게 표현하고 전달해보자.

주변에 여전히 외모로 KONI를 괴롭히는 사람들이 있을지 모른다. 일단 상처를 주는 사람들은 멀리하자. 타인의 말과 시선에

과민하게 반응하지 않으려면 먼저 냉정함과 이성적 판단력을 마스터해야 한다. 그러기 위해서는 나만의 방식으로 나를 받아들이는 것이 중요하다. 자신만의 똑똑하고 강인한 면모에 집중하다 보면 남의 말에 덜 상처받고 덜 흔들린다. 우리는 모두 독특하게 빛나는 별이 아닌가?

9.
사회적 꾸안꾸 BUPA

Blunt, Useful, Pleasure, Active
#능청 #공상 #사회_중심 #사회적_가면 #두_얼굴
#부케 #꾸안꾸 #생각과다

세상이 원하는 내가 아니라 있는 그대로의 나를 사랑하자.
Love me for who I am, not who the world wants you to be.

– 스칼렛 요한슨

"나, 뭐 좀 달라진 거 없어?"

BUPA의 키워드는 '꾸안꾸', 자연스러움이다. BUPA는 외모에 엄청나게 예민하지 않고 외모로 타인을 판단하는 일도 거의 없다. 외모를 가지고 너무 심각하게 고민할 필요도 없다고 생각해서 '이 정도만 깔끔하게 하고 다니면 문제 될 것 없잖아?' 하는 유형이다. 만약 최근에 승진했거나 창업하는 등 사회적인 지위나 위상이 달라졌다면, '내 역할에 어울리는 외모를 갖춰야하나?' 하는 정도의 관심이 시작되었을 것이다. 하지만 외모가 주된 관심사는 아니기에 외모에 스트레스를 받을 일이 적고, 사회생활이 가능할 정도만 최소한으로 갖추고 살아간다.

그래서 BUPA의 목표는 '최소한의 노력 혹은 최소한의 아이템으로 유행에 크게 뒤처지지 않는 깔끔한 인상 갖기'다. 외모에 신경 쓰고 치장하는 것을 타인에게 들키면 왠지 모르게 부끄럽다. 그래서 비싼 브랜드의 옷을 구입하거나(로고가 잘 안 보여야 한다), 세련된 안경테로 바꾸는 등 조용하게 멋 부리는 타입이다. 화장도 피부 톤을 보정해주는 기능성 선크림 정도만 사용하고, 립스틱을 살짝살짝 바꾸면서 티 안 나게 변화를 시도한다. 그러면서도 주위 사람들이 "어? 요즘 뭔가 달라졌는데?"라고 하면 내심 즐거워한다.

BUPA는 기본적으로 외모에 별 관심이 없지만 사회생활에 중요하다고 여긴다. 그리고 사회생활에서 체면, 위상 등을 신경 쓰기 때문에 트렌드에 늦게라도 적응하는 편이다(수동적으로 따라가거나). BUPA 중에는 액션을 하는(최소한의 반응을 보이는) 유형이 있고, 전혀 액션이 없는 대신 말만 많이 하는 유형이 있다. 미적으로 예민하지 않고 스트레스도 받지 않지만, BUPA가 외모를 위해 행동을 하는 이유는 사회적·직업적으로 중요하다고 생각하기 때문이다. 또 주위 사람들의 권유에 쉽게 수긍하는 편이기도 하다.

BUPA는 사회성이 발달해 인간관계가 폭넓고 친구도 많다. 친구들과 이야기할 때는 주로 듣는 편인데, 패션, 메이크업, 성형 등에 관한 이야기를 드러내놓고 하는 편은 아니지만, 친구들과의 대화에서 얻은 정보를 기억해두었다가 집에 와서 조용히 인터넷으로 찾아보고 주문하기도 한다.

성형외과에서 만나는 BUPA는 약간 능청스러운 면이 있다. 티가 안 나게 성형수술이나 시술을 하고 나서 주위 사람들이 "너 성형했어?" 하고 물으면 "아니, 무슨 소리야." 하고 부인한다. 상대방이 "이상한데…, 대체 뭘 했길래 이렇게 예뻐진 거지?" 하면 속으로 '흐흣! 내가 예뻐지긴 한 모양이지?' 하며 즐거워한다. 얼굴에 뭘 했다는 사실을 인정하기는 쑥스럽고 어색하지만 그래도 칭찬을 들으면 기뻐한다.

외모 변화를 만끽하는 즐거운 초심자

뭔가 예쁜 아이템을 샀을 때, 친구들이 "너 그거 어디서 샀어?" 하고 물으면 BUPA는 "안 샀어. 아는 언니가 그냥 줬어." 하고 얼버무린다. 실제로 '내돈내산'이지만 드러내놓고 말하지 않으면서 그 상황을 은근히 즐긴다. 성격이 예민해서 그런 것은 아니지만, 뭔가 까놓고 이야기하기가 면구하고 쑥스럽다. 그렇다면 주위 사람들은 BUPA의 거짓말을 믿을까? 심리학자들은 상대방이 거짓말을 알아챌 확률이 54% 정도라고 한다. 절반밖에 맞추지 못하는데 이런 귀여운 거짓말은 그냥 속아 넘어가주는 것이 낫지 않을까? BUPA는 이제 막 외모에 관심을 갖기 시작한 즐거운 초심자. 대대적인 변화보다는 노화 방지나 트러블 진정 등 소소한 시술로 꾸준히 관리하길 좋아한다.

BUPA를 생각하면 떠오르는 이미지가 태국의 부유층 환자들이다. 태국에서 성형 상담회를 하면 호화로운 외제 차를 타고 나타나는 여성이 많이 온다. 명품 가방과 고가의 액세서리를 휘감고 와서 여러 가지 외모 고민을 이야기한다. 하지만 그다지 심각하지는 않다. 현재의 외모나 생활 환경이 만족스럽기 때문이다. 이들이 외모 관리에 쓰는 비용은 일반인의 기준에서는 크겠지만 그들의 수입에 비하면 소소한 수준이다. 현실이 항상 만족스러운 BUPA에게는 성형외과를 방문해 상담하는 것조차 재미있는 놀이다. "피할 수 없다면 즐겨라." 하는 마음으로 무리하지 않는 선에서, 다른 일에 방해받지 않을 정도로만, 자신이 즐길 수 있을 정도까지만 돈과 에너지를 쓴다. 딱 거기까지다.

변화가 어색하고 쑥스러운 것은 누구나 마찬가지다. 하지만 창피해하거나 감출 일은 아니다. BUPA는 고요한 외모의 주인공이자 즐거운 초심자다. 특유의 여유와 유머 감각까지 갖추었으니 외모의 변화를 누구보다 한껏 만끽할 수 있다.

10.
편안한 원칙주의자 BUPI

Blunt, Useful, Pleasure, Inert
#편안한 #심플한 #기능적인 #독립적인 #내_뜻대로 #합리적

아침마다 어떤 옷을 입고 출근할지, 뭘 먹을지 고민하는 시간이 아깝다.
It's a waste of time thinking about
what to wear to work and what to eat every morning.

– 마크 저커버그

"튀지 않고 편안한 게 최고야."

학창 시절에 BUPI는 이런 친구였을 것이다. "교복을 고쳐 입는다고? 왜? 뭐하러? 난 원래 교복이 편하던데…." BUPI는 스스로 고집하는 스타일이 딱히 없다. 그냥 튀지 않고 편한 게 최고다. 물론 배우나 가수라면 예쁘고 귀여워야 한다고 생각하지만, 자신의 외모는 TPO만 맞추면 괜찮다고 생각한다. 업무상 미팅이 있는 날에는 정장을 챙겨 입지만, 평소에는 회사 규정에 어긋나지 않을 정도만 편하게 입는다. BUPI는 '회사에도 교복이 있으면 좋겠다.'고 생각한다. 그래서 간만에 마음에 드는 옷이 하나 생기면 똑같은 것을 여러 벌 쟁여놓는다. 스티브 잡스의 검은색 터틀넥이나 마크 저커버그의 회색 티셔츠처럼 매일 같은 옷만 입고 살고 싶다. 어쩌면 어린 시절에 부모님으로부터 "외모 같은 건 연예인들이나 신경 쓰는 거야."라는 말을 들으며 자랐을 수도 있다. 디자인보다는 기능이 우선이고, 특별히 표현하고 싶은 개성이 없어도 전혀 불편함이 없다.

BUPI는 외모가 중요하다고는 생각하지만, 스스로가 그럭저럭 괜찮다고 생각해서인지 아무것도 하지 않는다. 자신의 외모가 '그럭저럭 괜찮다' 혹은 '중간은 간다' 하고 생각하는 사람이 의외로 많다. 남성에 한정된 이야기이지만, 2021년 구독자 200만 명의 어느 유명 유튜버가 설문조사를 했다. 남성 구독자를 대상으로 "나의 외모는 대한민국 평균 이상이다."라는 문항에 대한 응답을 알아본 것이다. 응답자 22만 명 중 "그렇다."라고 대답한 사람은 15만 명이었다. 비율로는 71% 이상이었다. 엄격하게 통제되지 않은 조사였지만 무려 22만 명이 그렇다고 답했다면 그 대답이 대한민국 남성의 평균적인 마음이라고 볼 수 있지 않을까? 한국 남성들은 자기 외모에 비교적 자신감이 높다는 사실을 알 수 있다.[3]

실제로 해외 연구에서도 많은 사람이(남녀를 불문하고) 자신의 외모가 평균 이상이라고 생각한다고 알려져 있다. BUPI는 사회생활에서 외모가 중요하고 필요하지만, 자신은 '보통'이기 때문에 특별히 가꿀 필요가 없다고 생각한다.

이만큼 했으면 된 거 아닌가?

타인의 외모에도, 자신의 외모에도 관심이 없는 BUPI. 외모에 관심이 없다기보다는 다른 가치를 더 중요하게 여기다 보니 외모가 우선순위에서 뒤로 물러났다. 중요하지 않으니 관심이 없고, 관심이 없으니 구별하는 역량도 비교적 낮다. 가령 명품을 선물로 받아도 브랜드가 큼지막하게 보이지 않으면 좋은지 어떤지 잘 모르는 스타일이다. SNS에 사진을 올릴 때도 필터 앱이나 이미지 보정 기능을 전혀 사용하지 않는다. 그저 기록용으로 아무 고민 없이 업로드한다.

BUPI의 옷장에는 같은 컬러 혹은 같은 디자인의 티셔츠가

20장 걸려 있을 수도 있다. BUPI에게 "오늘 뭐 입지?" 하는 고민은 세상 쓸모없는 것이기 때문이다. 특별한 문제가 없다면 매일 같은 옷도 괜찮다. 특히 남성이라면 계절별로 수트 한 벌을 정해서 교복처럼 입고, 유행 타지 않는 무난한 구두 2켤레만 있으면 된다.

그렇다면 BUPI는 어떨 때 성형외과에 갈까? 노화로 인한 눈 처짐이나 이마 처짐처럼 기능적으로 불편한 점이 생겼을 때 성형외과를 처음 찾아가는 경우가 많다. 예를 들어 눈 처짐을 막아줄 쌍꺼풀 수술을 한다면 쌍꺼풀의 생김새나 얼굴과 잘 어울리는지보다는 시야가 얼마나 잘 확보되는지가 더 중요하다.

외모에 대해 최소한의 기준만 맞추는 BUPI는 마음도 평안하니 더 바랄 것이 없다. 하지만 사람이 밥만 먹고 살지 않듯이 멋도 조금 내보고 다양한 옷을 입어보면 삶에 활력이 생길 것이다. 외모는 나와 상관없는 일이라고 생각해왔다면 재고해보자. 예전엔 그랬을지도 모르겠지만 지금은 아니다. 디자인을 강조한 전자기기의 매출이 높아지고, 개성 있는 사람들이 유행과 시장을 주도한다. 외모가 경쟁력이라는 말은 단순히 잘생기고 예쁜 사람이 잘나간다는 의미가 아니다. 자기 외모의 장단점을 잘 알고 개성과 매력을 잘 표현하는 사람을 뜻한다.

11.
분주한 추종자 BUNA

Blunt, Useful, aNxiety, Active
#쾌활한 #입담 #얼리어답터 #변화

내 실험 대상은 바로 나다.
내가 예술이다. 내가 바로 나 자신의 예술작품이다.
I am my experiment. I am art. I am my own work of art.

– 마돈나

"이게 예쁘다고? 그런가?"

BUNA는 타인의 의견을 경청하고 적극적으로 수용한다. 심지어 A유형이라 행동도 민첩하다. 나쁘게 말하면 귀가 얇은 부나비처럼 유행을 좇는 것 같지만 꼭 그렇게만 볼 일이 아니다.

타인의 이야기를 잘 들어주고 대중적인 취향이나 기준에 자신을 쉽게 맞추기 때문에 의외로 스타일리시하다는 평가도 자주 받는다.

사실 BUNA에게 외모는 큰 관심거리가 아니다. 어쩌면 또래 집단과 잘 어울리기 위해서 외모를 주제로 소통하는지도 모른다. 패션, 스타일, 메이크업 같은 공통 관심사를 도구 삼아 인간관계를 만들어나가는 것이다. 자신의 외모를 가꾸고자 하고, 그것이 사회생활에도 꼭 필요하다고 생각하지만, 실제로는 외모에 대해 예민하거나 외모 때문에 즐겁지는 않다. 겉으로는 아닌 척해도 속으로는 좀 시큰둥하달까. 하지만 주변 사람들의 권유에 쉽게 마음을 열고 유행하는 옷이나 화장품은 꼭 써봐야 속이 시원하다.

BUNA는 남들에게 관심이 많고 사교적이어서 친구와 미용실도 같이 가고 누가 어디서 뭘 샀다더라 하는 소문에도 밝다. 타인에게 관심이 많은 만큼 남들이 자신을 어떻게 생각하는지에도 각별하게 신경 쓰고, 타인의 관심을 즐긴다. BUNA는 속으로 '솔직히 나는 외모에 관심이 별로 없지만, 다른 사람들이 자꾸 외모가 중요하다고 하니까 스트레스를 받는다.'라고 생각할지도 모른다. 친구나 지인, 동료들과 잘 지내고 조직생활을 잘하려면 뭔가 해야 하는데, 수동적이고 주관이 뚜렷하지 않아서 남을 따라 하는 형이다. '사람들이 다 그렇다면 그런 거겠지.', '다수의 의견이 맞을 것 같아.', '줄 많이 서는 데로 가자.' 하는 편이다. 굳이 갈등을 일으키면서까지 남의 의견에 반대하고 싶지 않달까? '이런 게 유행하는 데는 다 이유가 있겠지. 그럼 나도 그렇게 따라 하는 것이 편할 것 같다.'

평범한 미감의 소유자라는 사실을 인정하고, 외모의 부족을 보완하기 위해 공부를 열심히 하거나 다른 방면의 성공을 추구할 수도 있다. 어쨌든 BUNA는 사교적이고 타인의 이야기를 잘 들어주기 때문에 정보가 풍부하다.

BUNA는 언제 성형외과에 올까? 사실 친구가 성형수술을 한다고 해서 따라왔는데, 상담받는 것을 옆에서 듣다가 자기도 함께 하는 경우가 많다. 원래는 할 생각이 없었는데 친구 따라 강남 간다고 얼떨결에 수술이나 시술을 받는다. BUNA는 트렌드에 민감하기 때문에 유행하는 헤어스타일이나 패션은 꼭 시도해봐야 직성이 풀린다. 어울리지 않을 것이라고 생각해도 일단 해본다. SNS 유명 맛집이나 핫플레이스는 도장 깨기를 하듯이 다 가보고 인증 숏도 찍어서 올려야 마음이 개운하다.

한계를 정하고 나만의 P를 찾자

외모에 대한 자기만의 기준이나 지향점이 흐릿해서 이리저리 휘둘리는 걸까? 누군가는 그런 BUNA를 보고 '속 편한 스타일이네'라고 말할 수도 있지만 사실 BUNA는 부단히 움직이고 노력하는 실천가다. 가끔 맥락 없는 외모 지적을 해서 사람들을 당황하게 만들기도 하지만, 그 역시 관심의 표현이다. 자기 외모에 대한 불만을 그런 식으로 표현했을 가능성도 있다.

하지만 BUNA는 자신의 강점을 잘 알기에 대처 능력도 아주 뛰어나다. 다만 타인의 말을 너무 신뢰한 나머지 이것도 해보고 저것도 해보며 방황하는 것은 바람직하지 않다. 엉뚱한 데 에너지를 쏟지 말고 콤플렉스를 내려놓으면 마음이 한결 편안해질 것이다. 늘 "나는 왜 이렇게밖에 못할까?" 하고 자책할 필요도 없고 "이번엔 좀 더 잘해보자!" 하고 중압감을 가질 필요도 없다. 자신이 할 수 있는 한계를 정하면 거기에만 집중할 수 있고 더욱 만족스러운 성과를 얻을 것이다. BUNA 역시 자신만의 P를 찾는 게 중요하다.

12.
방구석 공상가 BUNI

Blunt, Useful, aNxiety, Inert
#포기만이_정답일까 #불만족 #콤플렉스

내가 할 수 있는 건 내 본능대로 행동하는 것뿐,
왜냐면 나는 절대 모두를 만족시킬 수 없으니까.
All I can do is follow my instincts because I'll never please everyone.

– 마돈나

거울 볼 때마다 불편한 마음이 든다면

BUNI는 외모에 관심이 없는데도 왠지 거울을 볼 때마다 마음이 불편하다. 뭘 어떻게 한다고 달라질 것 같지도 않다. 장점은 쏙 빼고 단점만 들여다보며 한숨 쉴 가능성이 크다. 한편으로는 자신이 외모 때문에 학교에서나 직장에서 인정받지 못한다고 생각한다. 그래서 친구들과도 외모에 관한 이야기가 나오면 위축되고 피하고 싶다. 피부 관리다 쁘띠성형이다 친구들은 다들 해본 것 같은데 BUNI는 막상 변화에 도전해볼 의지나 동기가 별로 없다. 좋은 외모가 사회생활에 어느 정도 필요하다고 생각하기는 하지만, 기질적으로 미적인 부분에 그다지 예민하지 않고 별다른 액션도 하지 않는 스타일이다.

하지만 관심이 없어도 스트레스는 있다. 어쩌면 외모에 대한 불만족이나 콤플렉스를 애써 억누르거나 무시하고 있는지 모른다. 그런 자신이 괴롭기도 하고 때로는 벗어나고 싶지만, 어떻게 해야 할지 방법을 몰라서 그냥 이렇게 살아가야겠다고 결심했을 확률이 높다. 아무것도 하지 않으면서 '그럴 수밖에 없는 상황'이라며 합리화하니 스트레스가 줄어들지 않는다.

BUNI는 외모가 중요하다고는 생각해서 스트레스받지만, 현재 아무것도 하지 않는 유형이다. 예쁘고 잘생긴 연예인을 부러워하면서도 '성형이나 시술은 연예인이나 하는 거야' 하고 생각한다. 어쩌면 주위에 성형수술을 하는 일반인(?)을 이해하지 못할 수도 있다. 당연히 BUNI 자신도 성형수술이나 시술, 관리를 받아본 적이 없을 것이다. 직업적으로 연구원, 전화 상담원, 주방 조리사 등은 폐쇄적인 작업 환경에서 사람들과 대면하는 일이 적기 때문에 외모 관리의 필요성을 느끼지 못하는 경우도 있다.

짧은 인생, 일단 뭐라도 해보자

P보다 N이 우세한 경우, 외모에 대한 불만과 불안이 임계치를 넘으면 엉뚱한 곳으로 폭발할 수 있다. 콤플렉스와 질투심이 부글부글하는데도 아무런 행동을 하지 않으니 상황은 점점 나빠진다. 일단 무엇이든 부딪히고 도전해보길 바란다. 거창한 변화일 필요는 없다.

평소 화장을 전혀 하지 않았다면 컬러 립밤이라도 발라보면 어떨까? 조그만 액세서리를 하거나, 평소에 입지 않았던 스타일의 옷에 도전해보는 것도 좋다. 작은 변화를 시도하다 보면 기분 전환도 되고 소소한 즐거움을 되찾을 수 있다. 그런 과정에서 연결감을 느낄 수도 있다. 본연의 매력을 드러낼 방법을 찾아보고 하나씩 실천해보는 것은 어떨까? BUNI는 세상에 관심이 크다. 사회에서 요구하는 최소한의 것에 천천히 조금씩 도전해보자. 단점보다는 장점에 초점을 맞춰서 시도해보기 바란다.

13.
순응형
현실주의자 BOPA

Blunt, Optional, Pleasure, Active
#호기심 #새로운_재미

항상 내일이 있다. 그리고 항상 더 나아질 것이다.
There's always tomorrow and It always gets better.

– 아리아나 그란데

"꾸미는 게 이렇게 재밌는 거였어?"

BOPA는 최근에 어떤 이유로 외모에 관심을 가지기 시작했
다. 이제까지 외모가 별로 중요하지 않다고 생각하며 살아왔고,
주위에서 아무리 외모에 대해 조언이나 지적을 해도 별로 영향

받지 않았다. 그런데 왜 갑자기 달라졌을까? 새로운 패션 아이템을 시도해보았는데 주변의 반응이 너무 좋았다거나, 긴 공백 끝에 새로운 연애를 시작했다거나(상대의 페이스 코드도 중요하다) 하는, 어떤 계기가 있었을 것이다. 갑갑한 수험생활을 마치고 뭐든지 해보고 싶은 대학 새내기일 수도 있다.

헤어스타일링도 메이크업도 아직은 '곰손'이지만 자신에게 어울리는 것이 무엇인지 차츰 알아가는 즐거움에 빠졌다. BOPA는 미적으로 예민하지도 않고 관심도 없었지만 운 좋게도 외모 때문에 큰 스트레스를 느껴본 적이 없다. 대부분은 외모가 특별히 중요하지 않은 직업을 가졌겠지만, 패션모델 같은 의외의 직업을 가진 BOPA도 있다. 그런 경우 특별한 노력을 기울여서 그런 일을 하게 되었다기보다는 눈에 띄게 키가 크거나 비율이 좋고 얼굴이 작아서 모델로 발탁된 케이스다.

BOPA는 이제 조금씩 자연스럽게 외모를 신경 쓰고 관리하게 되었다. 과거에는 신경 쓰지 않았던 주위의 조언도 귀담아듣는다. MBTI로는 F일 가능성이 크다. 친구 따라서 화장품 가게도 가보고 미용실도 바꿔보고 성형외과도 가본다. 가본 김에 상담도 받아본다. 이것저것 호기심이 많고 새로운 도전이 너무 재미있는 상태다.

세상 호기심 많은 옆집 언니

BOPA는 새로운 것을 좋아하고 주위에 친구도 많다. 친구나 지인의 조언도 의심 없이 잘 받아들이는 편이다. 항상 즐거운 편이라 주위 사람들에게 에너지를 주고 활력을 준다. 예를 들면 피부과에 함께 다니며 관리를 받는 가족이 BOPA 유형과 비슷하다. 엄마가 먼저 피부과 시술을 받고 결과가 무척 만족스러웠다고 치자. 주위에서 칭찬도 많이 들으니 남편과 딸도 피부과에 데리고 가는 식이다. 예뻐지고 즐거우니 '좋은 건 함께 해야지.' 하는 구김 없는 마음 같달까? 그 가족들 역시 다들 편안하게 받아들이고 좋아한다. 물론 무리하게 시술이나 성형을 하는 스타일은 아니지만, 기본적으로 외모에 대해 P가 우세하기 때문에 새로운 변화를 즐기는 편이다.

성형외과에 온 BOPA는 어떨까? BOPA는 주로 성형수술로 눈에 띄게 예뻐진 친구의 소개로 성형외과를 찾는다. 자신이 추구하는 명확한 스타일이 아직 없고, 자신만의 개성을 다듬어가는 중이기 때문에 주위의 성공 케이스를 자세히 참고한다. 그래서 본인에게 어울리는 성형수술보다는 친구와 똑같은 수술을 해달라고 하는 경우가 있다. 그리고 의사와의 소통을 중요하게 생각하는 것이 특징이다.

BOPA는 이제 조금씩 재미가 생겨나는 단계이므로 너무 서두르지 말고 돌다리도 두드려보고 건너길 추천한다. 친구나 지인, SNS 인플루언서의 이야기가 아무리 혹하더라도 최종적인 변화에 대한 책임은 스스로 져야 한다. 꼼꼼하게 따져보고 의심도 해보고 숙고해서 현명한 판단을 내려야 한다.

14.
낙관적 자연주의자 BOPI

Blunt, Optional, Pleasure, Inert
#세상_편한 #낙관적 #침착 #평화

괜찮아. 너도 알지? 너 그대로여도 괜찮아.
It's okay, you know? It's okay to be you.

− 크리스틴 스튜어트

"외모지상주의? 그건 내 알 바가 아니고."

BOPI는 '바빠 죽겠는데 외모까지 신경 쓰라고?' 하는 유형이다. 일단 BO유형은 외모에 그다지 민감하지 않고, 외모가 사회생활에 유용하거나 성공하는 데 중요하다고 생각하지도 않는다. 다른 신경 쓸 일도 많은데 뭘 외모까지 그렇게 관리해야 하냐고 반문하는 유형이다. 그 기저에는 '나 정도면 그리 나쁘지 않으니까.' 하는 만족감이 깔려 있다. 현재의 외모가 문제라고 생각한다면 그렇게 태평하지만은 않을 것이다. 가공하지 않은 원석 같은 자연미인인 BOPI도 있다.

아마 가장 많은 남성이 BOPI에 속할 것이다. 남성 BOPI는, 말하자면 '외모 DMZ'다. 생태환경이 그대로 보존된 비무장지대 같다. 남중, 남고, 공대를 거쳐 남초 회사에 다니거나, 시험이나 연수 등 경쟁이 치열한 직종이어서 애초에 외모에 관심을 가질 수 없는 환경이다. 밤샘 작업이 많은 IT 개발자, 연구원 같은 '범생이' 스타일들도 BOPI인 경우가 있다.

하지만 이들은 거울을 볼 때마다 지긋이 입꼬리가 올라간다 (물론 거울을 거의 보지 않는 BOPI도 많다). "나 정도면 괜찮지." 하고 혼잣말하며 머리카락을 쓸어 올려보기도 하고, 괜히 팔에 힘을 주어 거울에 근육 자랑을 해보기도 한다. 본인도 타인도 괜찮다는데 뭐가 문제인가? BOPI는 삶의 가치관이나 태도가 평온하고 낙관적이며, 외모에 대해서도 편안한 심리 상태이기 때문에 별다른 행동을 하지 않는다.

이들은 이미 다른 데서 인생의 의미나 만족감, 성취감 같은 것을 찾았을 것이다. 자존감과 자족감이 충분해서 굳이 외모를 통해 그런 것을 추구할 필요가 없다. 일에서 큰 성취감을 맛보고 있다거나 좋아하는 취미 활동에 푹 빠져 있거나 충만한 인간관계로 나날이 행복한 상태일 것이다. 그렇다고 외모에 대해 아무 것도 하지 않는 것은 아니지만 심각하게 생각하지 않는다는 의미다.

앞서도 언급했지만, 재벌가 자녀들은 집안의 외모적 특징을 굳이 바꾸지 않는다. 약간 작은 눈이나 조금 튀어나온 턱 같은 것이 어릴 때는 불만이겠지만, 유전된 외모는 로열패밀리의 상징과도 같다. 그래서 이런 특징을 바꾸려는 시도는 거의 하지 않는다. 유럽의 합스부르크 가문도 주걱턱으로 유명한데, 이들에게는 주걱턱이 가문의 일원임을 증명하는 자부심이다. BOPI의 마음도 이와 비슷하다. 외모가 아닌 다른 가치에서 만족감을 느끼고 삶이 충만한 것이다. 소위 '얼굴 없는 가수' 타이틀을 가진 실력파 가수들은 이미 가창력으로 대중을 사로잡은 사람들이 아닌가?

성형외과에서 주로 만나는 BOPI는 누구일까? 딸의 성형수술을 반대하는 부모님이나 아내를 말리려고 따라온 남편들이 주로 BOPI다. 이들은 '자연스러운 얼굴이 훨씬 더 예쁘지 않느냐.'며 딸이나 아내를 설득하려 한다. 하지만 수술을 원하는 사람은 BOPI가 아니므로 그 주장은 잘 먹히지 않는다. 그런 상황에서 두 사람은 어떻게 합의에 이를 수 있을까? 나는 양쪽의 입장을 충분히 이해하기 때문에 최대한 솔직하게 이야기한다.

예를 들어 10대 딸과 그 어머니가 함께 왔다고 치자. 당사자인 딸은 성형수술을 원하고 보호자이자 결정권자인 어머니는 말리는 쪽이다. 먼저 나는 어머니의 생각을 들어보고 어머니 세대와 요즘 세대는 시각 차이가 있음을 이야기한다. 딸은 외모에 매우 예민한데 어머니는 그렇지 않은 성향이라면, 외모 때문에 고통스러운 딸의 마음을 공감하지 못한다. 하지만 아픈 사람은 딸이다. 딸은 지금 외모 때문에 자신감이 떨어지고 우울하다.

반면 딸에게는 수술하고 싶다는 이야기를 언제부터 했는지 물어본다. 자신의 상황이나 해야만 하는 이유를 충분히 설명하지 않은 채 갑자기 성형수술을 해달라고 조른다면 당연히 부모님은 이해하지 못하고 받아들일 수가 없다. 딸은 수술로 고치고 싶은 어떤 특징 때문에 학교에서 놀림을 당했다거나, 평소에 늘 신경이 쓰여 자신을 비하하는 생각이 들었다고 말한다. 나는 딸이 어머니에게 마음 상태를 허심탄회하게 털어놓은 적이 있는지 확인한다. 어머니에게도 딸의 상태를 이해하고 공감할 시간이 필요하므로 시간을 갖고 두 사람이 충분히 대화해보고 결정하라고 권한다.

이해는 못 하겠지만 다름을 인정할 수는 있다

BOPI는 타인을 외모로 판단하지 않고, 자신의 외모를 심각하게 돌아본 적도 없다. '나 정도면 됐지.'라는 긍정적인 생각 때문에 현재 불행하지 않고 무언가 새로운 변화를 시도할 필요를 느끼지 않는다. 허름한 옷에 면도도 안 한 자연인 상태로 거리를 누비는 BOPI를 부러워하는 사람도 없지만 비난하는 사람도 없다. 하지만 산속에서 혼자 사는 게 아니라면 때로는 깔끔한 외모를 갖추는 것만으로도 타인에게 호감을 줄 수 있다는 사실을 알아야 한다. 대단한 비용과 시간을 투자하지 않아도 된다. 조금만 관심을 가져도 많은 게 달라진다.

BOPI는 외모에 신경 쓰는 사람들이 이해가 잘 안 된다. 그러다 보니 갈등도 종종 겪는다. 외모에 신경 쓰는 자녀가 못마땅한 아버지처럼 말이다. 애인의 성형수술을 반대하거나, 배우자의 변화를 싫어해서 관계에 금이 가기도 한다. BOPI 입장에서는 주위 사람들이 왜 이러는지 모르겠다. 도무지 말이 안 통한다고 생각할 수도 있다. 하지만 그렇다고 해서 가족과 인연을 끊을 수는 없지 않은가? 세상이 바뀌고 시대가 바뀌었다. 이해는 어렵겠지만 인정은 해줄 수 있다. 어쩌면 남들도 내가 이해 못 하는 만큼 나를 이해 못 할 것이다.

15.
외모 소시민 BONA

Blunt, Optional, aNxiety, Active
#자책 #위로 #고독 #수용 #철학

별로 매력적이지 않은 것을 매력적으로 들리게 하는 건 매우 어렵다.
It's very difficult to make something unattractive sound attractive.
–《브리짓 존스의 일기》

"아니, 근데 너는 이게 더 잘 어울려!"

BONA는 머릿속이 복잡하다. 현재의 외모가 만족스럽지 않아서 이것저것 부지런히 시도해보았지만 기대만큼 결과가 좋지 않았다. '여기도 부족해 보이고, 저기도 이상하고…', 셀피를 찍고 이리저리 고쳐보지만 뭔가 만족스럽지 않다. 신경 쓰이는 부분을 개선하기가 쉽지 않으니 고민은 점점 깊어진다.

BONA는 인생에서 외모가 중요하지 않다고 생각하려고 노력하지만 그게 잘 안 된다. 타인과 비교하며 자신의 외모에 대해 자책하기도 한다. 결국 '할 수 없지 뭐. 외모는 타고나는 건데…. 그래도 내가 할 수 있는 범위에서 최선을 다해보자.' 하고 생각한다. 소극적이지만 완전히 포기하지 않는 모순적인 마음이 괴롭다.

BONA는 어떤 사람들일까? 예를 들어 출산이나 육아 문제로 휴직했다가 오랜만에 직장에 복귀하는 직장인이 BONA의 마음 상태와 비슷하다. 휴직 기간에 외모 관리도 전혀 안 했고 요즘 트렌드도 잘 모르는데 다시 출근하려니 외모에 민감한 동료들의 시선이 조금 두렵기도 하고 신경 쓰인다. 하지만 그들을 따라잡기에는 지금 상황이 너무 바쁘고, 지쳤다. 외모는 반쯤 포기하고 싶고, 다시 직장에 잘 적응하려면 뭘 어떻게 해야 할지 고민이다.

다른 예로, 자녀들을 독립시키고 나서 성형수술을 감행한 중년 여성의 경우가 있다. 그동안 자녀들에게 헌신하느라 외모에 신경을 못 쓰고 살다가 갑자기 찾아온 공허함에 큰 고민 없이 성형수술을 했다. 하지만 그 나이에 성형수술을 왜 하느냐고 비난하는 가족들도 야속하고, 수술 후에 피드백이 안 좋으면 더욱 속상하다. 달라진 자신의 모습을 받아들이지 못하고(가족, 친구들의 부정적인 반응이 큰 몫을 한다) 이러지도 저러지도 못해 괴롭다. 새로운 자신이 낯설어서 원래대로 돌아가고 싶다. 사람들과 잘 지내고 싶은데 다가가길 망설이는(인싸가 되고 싶은 아싸) 심리와 비슷하달까? BONA는 외모를 바꿔보고 싶어도 고민만 하다가 끝내는, 용기가 안 나서 포기하고 마는 유형에 가깝다.

충동적인 결심은 3번 이상 숙고하기

BONA는 경계인, 이방인 같은 상태다. 세상의 변화 혹은 주변의 환경 변화가 어리둥절하다. 주위에 유난스러운 외모 중독자들이 많아서 반작용으로 BONA가 되었을 수도 있고, 갑작스러운 상황 변화 때문에 BONA로 바뀌기도 한다. 평생 전업주부로 살다가 어느 날 갑자기 가장이 되어 생활전선에 뛰어들었다면 이전에는 하지 않던 외모 고민이 생길 수 있다. 자녀의 독립으로 외로움과 허무함이 몰려오면서 '내 인생은 무엇으로 보상받나?' 하는 억울한 마음이 들기도 한다. 이렇게 감정이 예민해져 있을 때는 충동적인 판단을 경계해야 한다. 보상심리, 반항심

같은 마음의 문제는 증상만 없애는 대증요법이 아니라 근원을 찾아 해결해야 한다. 외모를 바꾸는 것은 또 다른 부작용만 낳을 수 있다.

지금 BONA는 뭘 해도 고민, 안 해도 고민인 상태다. 그럴 때는 충동적인 결정, 섣부른 행동을 자제해야 한다. 환경의 변화, 감정의 변화 때문에 성형수술을 결심했다면 더욱 신중해야 한다. 특히 원래로 되돌릴 수 없는 비가역적인 수술은 반드시 3번 이상 숙고하기 바란다(홧김에 하는 눈썹 문신도 마찬가지다). 조금 늦는다고 뒤처지는 것은 아니다. 감정의 안정과 이성의 분별력을 되찾았을 때, 다시 한번 신중하게 판단하는 것이 좋겠다.

16.
선택적 중립주의자 BONI

Blunt, Optional, aNxiety, Inert
#독립적 #비판적 #사색가 #느림보 #완벽주의

메이크업을 하지 않는다고 메이크업 자체를 반대한다는 뜻은 아니다.
그냥 각자 자기 뜻대로 하자!

Y'all me choosing to be makeup free doesn't meen I'm anti-makeup,
Do you!

– 알리샤 키스

"난 아무것도 달라지지 않을 거야."

BONI는 쿨하다. 자신의 외모가 만족스럽지는 않지만, 아무
것도 바꾸지 않기로 결정했다. 내 외모가 불만족스러운 이유는
'이놈의 세상 때문'이니까. BONI는 타인에 대해서도 쿨하다.

사람마다 생각이 다르고, 세상에는 나를 좋아하는 사람도 싫어하는 사람도 있다. 나를 좋아하든 싫어하든 그것은 그들의 문제일 뿐이다. 쿨한 BONI는 자신이 어떻게 할 수 없는 문제에 대해 열불 낼 필요가 없다고 생각한다.

BONI는 기본이 노메이크업이다. 외모는 중요하지 않고 외모에 신경 쓰는 것이 매우 귀찮다. 상황에 따라 외모에 대해 약간의 스트레스는 받지만, 주변의 자극에도 대개는 반응조차 하지 않는다. 예를 들어 연말연시에 온 세상이 흥청망청 파티를 즐겨도 전혀 영향받지 않는 사람들이 BONI 유형이다. 감정이 풍부하거나 공감 능력이 뛰어난 스타일과는 거리가 멀다.

성형외과에 오는 BONI는 어떤 사람들일까? 부모가 성형외과에 데려오는 나이 든 자녀를 대표적인 예로 들 수 있다. 정작 본인은 별로 관심도 없고 문제라고 생각하지 않는다. 만약 부모의 강권으로 수술하게 되더라도 별 감흥이 없다. 더 예뻐져서 좋다거나 부모님께 고맙다는 생각도 하지 않는 편이다. 간혹 주관이 뚜렷한 자녀라면 수술을 거부한다. 이들은 대면 업무가 비교적 적은 직업을 가졌을 확률이 높고, 대인 관계나 사교 모임에서 소극적인 경우가 많다. 극단적인 경우지만, 심각한 외모 트라우마를 가진 BONI는 은둔형 외톨이가 될 수도 있다.

고립에서 연결로

외모가 불만이지만 액션이 없는 BONI는 일견 초월한 듯 보이지만 사실 마음속에 콤플렉스가 있다. 주위 사람들 역시 그것을 모를 리 없다. 사진을 찍을 때 나도 모르게 얼굴을 돌리거나 표정이 굳어지는 BONI에게 필요한 것은 '연결감'이다. 함께 무엇을 이루어내는 연대감이 의외로 BONI의 마음에 새로운 설렘과 즐거움을 줄 수 있다. 요즘 여자 축구가 꽤 인기인데 관람석이 아닌 필드에서 몸으로 뛰는 단체 스포츠는 소속감과 유대감은 물론이고 승패를 떠나 경기에 참여한 경험 자체로 짜릿한 성취감을 준다. 어쩌면 BONI에게 필요한 것은 마음과 마음이 이어지는 진정한 유대와 공감일 것이다.

FACE

Part 3

페이스 코드로 읽는
외모와 심리 지도

CODE

얼굴에 새겨진
심리 언어

사람들에게 그들의 페이스 코드를 설명해주면 반응은 극명하게 갈린다. 어떤 이는 "어떻게 아셨어요?"라며 놀라고, 또 어떤 이는 "맞는 것 같기도 하고 아닌 것 같기도 하다."라며 애매하게 반응한다. 외모에 대한 생각은 매우 은밀한 영역이기 때문이다.

실제로 사람들은 외모에 대한 깊은 속마음을 잘 꺼내지 않는다. "너 코에 뭐가 묻었다." 같은 지적은 쉽게 하지만, 정작 "나는 이런 코가 좋다."거나 "내 코를 이렇게 바꾸고 싶다."라고 자기 생각을 솔직히 말하는 경우는 드물다. 성형에 대해서도 마찬가지다. "나는 성형이 나쁘진 않다고 생각해."라고 가볍게 말할 수는 있어도 왜 거기에 투자하는지, 어떤 욕구와 불안이 깔려 있는지는 잘 드러내지 않는다. 외모와 성형에 대한 생각은 겉으로 드러난 말보다 훨씬 더 은밀하고 내밀한 차원에서 작동한다.

그런데 수술 후 불만을 가진 환자도 유형 분석을 제시하면 태도가 달라지게 된다. "아, 이래서 그렇구나." 하며 자신의 불만이 어디서 비롯됐는지를 이해하는 순간, 마치 마음을 들킨 듯한 반응을 보인다. 예를 들어 큰 쌍꺼풀을 원해 그렇게 수술했지만 막상 결과를 보고 "내 얼굴에는 너무 크다."고 말하는 경우가 있다. 이때 환자의 말에 그대로 반박하면 갈등만 커진다. 숙련된 의사는 환자가 왜 그렇게 느끼는지 이해하고, 해결책을 설명하고 설득하면서 문제를 풀어가지만, 그렇지 않고 공감 없이 대응하면 환자의 불신이 깊어질 수 있다.

물론 완벽한 유형은 없다. 더 바람직한 유형이 있는 것도 아니다. 누구나 성향 안에 장점과 약점을 동시에 가지고 있다. 그렇기 때문에 유형을 이해하는 것은 단순히 사람을 구분하는 일이 아니라, 각자의 성향에 맞는 심리적 대응책을 찾는 과정이 된다. MBTI에 궁합표가 있듯, 페이스 코드 역시 유형 간의 관계를 보여줄 수 있다. 더 나아가 나의 외모 고민과 그로 인한 스트레스를 어떻게 다룰지도 제시할 수 있다.

페이스 코드는 언제 결정될까?

페이스 코드는 타고난 기질만으로 결정되지 않는다. 성장 과정과 사회적 경험 속에서도 뚜렷하게 형성된다. 특히 아동기와 사춘기는 얼굴 인식과 자존감이 만들어지는 결정적 시기다.

아이들을 키워보면, 똑같은 자극에도 아이마다 전혀 다르게 반응하는 것을 자주 보게 된다. 기질의 차이에 따라 어떤 아이는 예민하게 반응하고, 또 어떤 아이는 무심하게 넘긴다. 절대음감이 있듯이 절대미감이라는 것도 있을까? 객관적인 측정은 어렵지만, 타고난 감수성에 따라 아름다움을 구별하는 능력은 분명 사람마다 다르다. 여기에 성장기의 가정환경, 가족, 친구 등 주변의 정서적 분위기가 더해지면 시각적 자극에 대한 반응의 폭은 훨씬 넓고 복잡해진다.

대략 7세 전후가 되면 아이는 거울 속 자신을 의식하기 시작한다. 얼굴에 흉터가 있더라도 그 이전에는 친구 관계에 큰 영향을 받지 않지만, 외모를 인식하는 순간부터 이야기가 달라진다. 이때 부모의 반응은 결정적이다. 아이가 평생 지니게 될 외모 인식의 첫 단추가 이 시기에 채워지기 때문이다. "너는 남들과 조금 다를 뿐이야. 엄마아빠에게는 네가 세상 무엇보다 소중하고 사랑스럽단다."라는 말을 들은 아이는 자신의 외모에 긍정적인 태도를 갖게 된다. 반대로 "넌 얼굴이 그러니까 조용히 있어."라는 말을 들은 아이는 깊은 상처를 받는다. 자신을 부정적으로 인식하면 자연스레 자존감이 낮아지고, 자책이나 비관, 분노 같은 감정이 잦아진다.

아동기 후반부터 사춘기에 이르면 얼굴과 몸이 빠르게 변하면서 이전과는 전혀 다른 자신을 마주하게 된다. 16세 전후의 급격한 변화는 큰 심리적 충격으로 다가오며, 이때 부모의 말 한마디가 아이의 자아상을 결정짓는다. 무심한 농담, 반복되는 부정적 언급은 '나는 못생겼다.'라는 자기 인식을 각인시킨다. 한번 생긴 외모 콤플렉스는 성인이 되어서도 관계와 자존감의 중심에 남는다. 부모가 아이의 변화를 이해하지 못하거나 모순된 메시지를 줄 때 갈등은 깊어진다. 외모를 지적하면서 "성형은 절대 안 돼."라고 말하면 아이는 비판과 금지 사이에서 혼란을 겪는다.

아이들은 부모의 말을 한마디도 놓치지 않는다. 나이가 어릴수록 부모의 언어는 정서 발달과 자존감 형성에 절대적인 영향을 미친다. 외모에 대한 자존감도 예외가 아니다. 부모의 긍정적 피드백은 단순한 칭찬을 넘어 아이의 존재 자체가 인정받는 경험이 된다. "요즘 얼굴빛이 좋다.", "오늘 참 예쁘다." 같은 짧은 말이 아이에게는 강력한 위로와 확신이 된다. 사랑하는 가족이라면, 그리고 가까운 관계라면 이런 따뜻한 언어가 필요하다. 가족의 지지와 인정이 있다면 심각한 결함조차도 충분히 극복할 수 있다.

일본에서 한 어머니가 내게 편지를 보내왔다. 기형을 가진 아이와 함께 일본으로 이민을 가서 어렵게 살았는데, 아이에게 꼭 수술을 해주고 싶다는 내용이었다. 내가 놀란 것은, 그 아이가 일본에서 자라는 동안 단 한 번도 친구들에게 기형을 놀림받거나 직접 지적당하지 않았다는 사실이다. 일본 사회는 그런 것을 드러내지 않는 문화이기 때문이다. 일본에서는 외모에 대한 언급을 거의 하지 않는다.

반대로 미국에서는 "너는 할 수 있어. 넌 성공할 수 있어." 같은 자기 확신의 메시지를 끊임없이 주입한다. 외모에 대해서도 마찬가지다. 뚱뚱한 것도 정상이라고 하고, 있는 그대로 받아들이라고 한다. N을 없애고 P를 강조하는 것이다. 하지만 그것이 반드시 건강한 방식이라고 보기는 어렵다. 만약 그것이 절대적으로 옳은 것이라면, 왜 인류는 고대부터 비너스 같은 미의 상징을 만들어왔을까? 지나치게 "외모지상주의를 없애자."는 쪽으로 치우치는 것 역시 왜곡일 수 있다. 결국 중요한 것은 사실에 근거해 균형을 잡는 일이다. 외모지상주의에 집착하는 것은 분명 문제지만, 일정 부분 외모가 사회적 관계와 자기 인식에 영향을 미친다는 사실은 부정할 수 없다.

개인의 인권을 존중하는 사회일수록 외모를 함부로 언급하지 않는다. 문화적 차이는 크지만, 그것이 아이의 자존감과 정체성에 미치는 영향은 결코 작지 않다.

페이스 코드는 변할 수 있을까?

페이스 코드는 선천적인 성향과 후천적인 환경이 함께 작용하는 문제다. 어떤 사람은 환경이 달라져도 크게 변하지 않지만, 어떤 사람은 상황에 따라 성향이 크게 달라진다. 페이스 코드 분류표를 보면 감정 요인과 사고 요인으로 나뉜다. 어떤 사람은 감정에 이끌려 움직이고, 또 어떤 사람은 사고를 중심으로 행동한다. 결국 원인과 결과가 뚜렷이 구분되는 구조다.

환자들은 성형외과 상담 과정에서 이미 큰 마음의 변화를 경험한다. 외모의 변화보다 먼저 마음의 변화가 시작되는 것이다. 사각턱 수술처럼 비용과 결단이 필요한 시술에서 큰 변화가 나타나기도 하지만, 그 이전에도 작은 시도들이 이어진다. 기능성 화장품, 얼굴 마사지, 경락 마사지 등이 대표적이다. 환자들은 이런 단계를 거치며 외모 콤플렉스에 대한 감정적 변화를 경험하고, 마지막에 병원을 찾게 된다. 사실 병원에 직접 찾아와 대기실에 앉아 있는 것만으로도 이미 변화가 진행된 셈이다. 그래서 나는 종종 이렇게 말한다. "여기까지 오신 분들은 이미 상위 10%입니다." 고민만 하는 사람은 많지만, 실제 행동으로 옮기는 경우는 그중 일부다.

변화를 체감하는 속도 역시 사람마다 다르다. 어떤 환자는 수술 직후 곧바로 변화를 느끼지만, 어떤 환자는 시간이 지나면서 서서히 달라진다. 이는 '수용' 과정과 연결된다. 대다수는 바뀐 자신을 비교적 쉽게 받아들이지만, 일부는 그렇지 못하다. 수술까지 하지 않는 경우도, 겉으로는 "나는 그냥 이렇게 살래."라고 말하면서 실제로는 받아들이지 못하는 경우가 있다. 결국 변화의 속도는 성향, 마음가짐, 그리고 타고난 체질에 따라 달라진다.

나는 이런 차이를 설명하기 위해 '갈등의 지도'를 구상했다. 갈등의 뿌리가 감정이나 체질 등 통제하기 어려운 영역에 있는지, 사고와 같이 이성과 같은 통제 가능한 영역에 있는지에 따라 전혀 다르게 나타나기 때문이다. 가족 안에서 일어나는 일을 생각해보면 이해하기 쉽다. 예를 들어 정치적 견해가 갈린 가족이라도 식탁에서 민감한 주제를 다루지 않으면 문제가 생기지 않는다. 하지만 주의를 기울이지 못하거나 견해 차이가 성향 차이와 겹치면 갈등이 증폭되어 다투게 된다. 갈등은 대체로 개인이 억제하기 힘든 성향에서 나타난다. K유형과 B유형은 자부심이 강해 의견을 잘 굽히지 않고, P유형과 N유형은 감정을 잘 조절하기 어렵다. 그래서 이 유형들이 모인 술자리에서 갈등이 발생하기 쉽다. 겉으로는 다투지 않더라도 속으로는 불편함이 쌓인다.

예를 들어 외모에 대해 서로 다른 태도를 가진 사람들이 한자리에 모였다고 하자. 어떤 이는 가볍게 외모 이야기를 꺼내지만, 또 다른 이는 그런 이야기를 꺼리는 사람일 수 있다. 이런 상황에서 누군가가 '유행' '스트레스' '주걱턱' 같은 단어를 무심히 던지는 순간, 듣는 사람의 자부심과 감정, 그리고 경험의 도화선에 불을 붙이게 되고 모든 대화는 주체할 수 없게 된다. 겉으로는 대화가 이어지더라도, 속에는 상처가 남는다. 결국 성향의 차이는 개인의 경험과 맞물려 갈등으로 이어진다.

K유형은 보통 "나는 원래 예민한 편이야.", "디자인은 무척 중요하지."라고 생각하며 살아간다. B유형은 "별거 아닌 것으로 유난을 떠네.", "중요한 건 내실이지."라고 생각한다. 자부심이 강하기 때문에 스스로 그 성향을 인정하면서도 동시에 관계 속에서 충돌을 만든다. 성격이 유연한 사람은 갈등을 피할 수도 있겠지만, 자부심이 강하면 다른 사람을 간섭하거나 불필요한 대

립을 일으키기도 한다.

물론 이런 자부심이 항상 부정적으로만 작용하는 것은 아니다. 긍정적으로는 타인에게 도움을 주기도 한다. 하지만 잘못 작동하면 갈등을 키우고 관계를 불편하게 만드는 요인이 된다. 한국인의 경우 특히 이런 특성이 두드러진다. 강한 자부심이 간섭으로 이어지고, 그것이 대인관계에서 문제를 일으키는 모습을 자주 볼 수 있다.

흥미로운 점은 국가별 차이다. 병원에서 각국의 환자들을 만나는데 태국이나 일본의 K유형은 자부심을 드러내지 않는 반면, 한국과 중국의 K유형은 자부심을 강하게 드러내는 경향이 있다. 태국과 일본은 오랜 역사 속에서 자부심을 안정적으로 유지할 수 있었던 사회였지만, 한국과 중국은 급격한 사회 변화를 겪으며 자부심을 드러내야만 하는 환경에 놓여 있었다. 그래서 이 두 나라에서는 K유형의 특성이 더욱 강하게 나타난다고 볼 수 있다.

변화의 심리학: 성형이 보여주는 마음의 풍경

성형수술 후의 변화는 극적이다. 어떤 환자는 수술받은 지 일주일 만에 완전히 달라진 모습을 보여주기도 한다. 가슴 수술을 한 환자는 이전에 입지 않던 가슴이 드러나는 옷을 입고, 자세가 달라지며, 표정까지 당당하게 변한다. 이런 경험은 단순히 외모의 변화에 그치지 않는다. 자신감을 얻어 삶을 대하는 태도 자체가 달라진 것이다.

이 과정에서 주위의 반응 역시 결정적인 역할을 한다. 수술 후 며칠 지나지 않아 부모나 친구가 "너무 잘됐다.", "예쁘다."라고 말해주면 환자는 즉시 긍정적인 피드백을 받고 만족감이 높아진다. 반대로 무심하거나 부정적인 반응을 경험하면 수술 자체는 잘됐더라도 만족감이 크게 떨어진다. 병원에서도 이런 환자의 만족도를 유심히 살펴본다. 어떤 환자는 치료실에 들어올 때 "예뻐졌다."라는 짧은 한마디만으로도 큰 만족을 느낀다. 그러나 이런 말을 듣지 못하거나 원래 주변 피드백에 익숙하지 않은 사람들은 변화 자체를 잘 수용하지 못하기도 한다.

사실 환자들이 수술을 통해 가장 먼저 바라는 변화는 '외모'가 아니다. 무엇보다 중요한 것은 '감정'의 변화다. 그런데 페이스 코드는 이러한 감정의 변화를 받아들이게 한다. 자신이 어떤 성향을 가진 사람인지 깨닫는 순간, 불필요하게 화를 내거나 과하게 반응하거나 작은 일에 집착할 필요가 없다. "나는 팔랑귀야, 내 성향이 그래."라고 인정하는 순간부터 마음이 한결 편해지고, 감정이 달라지기 시작한다. 마치 뭉쳐 있던 감정이 풀리듯, 서서히 유연해지는 것이다. 그 과정을 거치며 자기 기준이 자연스럽게 정립되고, 변화를 대하는 태도 역시 안정된다.

점, 선, 면에 몰두하는 사람들

환자들 가운데는 수술 자체에 강한 집착을 보이는 경우가 있다. 특히 NA유형 환자들이 그렇다. 이들은 갈등과 괴로움을 해소하기 위해 큰 수술을 선택하는 경향이 있다. "나는 너무 못생겼어. 이번에는 반드시 변화할 거야."라며 인생의 전환점을 수술에서 찾으려 한다. 누군가는 "앞으로 사업을 시작해야 하는데 새로운 이미지가 필요하다."거나 "미스코리아 대회에 나가려면 달라져야 한다."처럼 구체적인 목표를 내세우기도 한다. 단순히 외모를 바꾸는 차원을 넘어, 삶 전체의 변화를 수술과 연결하는 것이다.

나는 환자의 집착을 설명할 때 '점, 선, 면'이라는 개념을 자주 언급한다. 예를 들어 가슴 수술을 하는 환자의 경우, 어떤 이는 유두의 위치 같은 '점'에 집착하고, 또 어떤 이는 유방 하부 곡선이나 실루엣 같은 '선'에 집중하며, 또 어떤 이는 전체적인 볼륨이라는 '면'을 중시한다. 이 집착을 미리 파악하면 환자가 어디에 민감한지 알 수 있다. 예를 들어 "양쪽 유두의 위치가 100% 대칭이어야 한다."고 말하는 환자에게 가슴의 선이 아무리 자연스럽고 볼륨이 풍만해도 불만이 생기게 된다. 이런 환자일수록 상담에 더욱 신중해야 한다.

결국 같은 수술이라도 환자의 기대와 집착 정도에 따라 만족도가 크게 달라진다. 구체적인 목표가 있는 환자는 대체로 만족도가 높다. "아나운서 시험을 앞두고 코를 교정하고 싶다." 같은 경우가 그렇다. 반면 "분위기를 좀 바꾸고 싶다."는 막연한 바람을 가진 환자는 수술에 대한 만족도가 낮다. 주변에서 "예뻐졌다."라는 말을 들어야만 안심하는 경우도 만족이 오래가지 않는다. 이런 경우 상담 시간이 길어지고, 환자가 진짜 원하는 바를 파악하기 위해 더 많은 노력이 필요하다.

또 어떤 환자들은 성향이 일정하지 않고 자주 바뀐다. P유형과 N유형 성향이 충돌하면서 갈등을 겪는 경우다. 평소에는 퇴근 후 곧장 집으로 가 혼자만의 시간을 즐기는 성향인 줄 알았는데, 어느 날은 갑자기 술자리에 참석해 왁자지껄하게 노는 사람과 같다. 이런 유형은 행동 패턴이 크게 달라지면 스스로도 불안정함을 느낀다. 특히 NA유형 환자들은 한동안 강하게 변화를 추구하다가도, 막상 수술 직전에는 다시 주저하거나 뒤로 물러나려는 태도를 보인다. "이번엔 꼭 변해야 한다."라고 결심하면서도 결국 "좀 더 생각해볼게요."라며 결정을 미루거나 다른 병원에서 상담을 반복하는 것이다. 이런 갈등이 지속되면 상담이 길어지고, 수술로 이어지지 않기도 한다.

관계의 변화가 불러오는 성형 결심

앞서 외부 환경에 따라 성향이 크게 변동한다고 했다. 연인이 생기는 순간, 이전에는 성형에 전혀 관심이 없던 사람이 파트너의 한마디에 흔들려 수술을 고민하는 경우가 있다. 배우자의 외도, 이혼, 새로운 연애의 시작 같은 사건이 성형의 강력한 계기가 되기도 한다. 원래는 소극적이던 성향도 이런 사건을 통해 갑자기 적극적으로 변하는 것이다.

남성들의 경우도 과거와 달라졌다. 20년 전만 해도 60대 남성이 성형한다는 것은 드문 일이었다. 그러나 지금은 재혼이나 사회적 이유로 수술을 선택하는 경우가 늘었다. 특히 40대 직장인 남성들은 후배와의 경쟁 속에서 "내가 더 늙어 보인다."는 압박을 크게 느낀다. 흔히 '직장인 성형'이라고 불린다. 여성들 역시 젊을 때는 외모로 주목받은 경험이 있었지만, 어느 순간부터는 사회가 자신을 '나이 든 사람'으로 규정하면서 불안과 스트레스가 커진다.

실제로 한국 사회에서 40대 이후 성형 수요는 점차 증가하고 있다. 이는 단순히 개인의 선택이 아니라 사회 환경과 경쟁 구조가 반영된 결과다. 남성들은 주로 눈 밑 지방이나 늘어진 피부를 교정하고 싶어 한다. 평생 성형에 관심이 없던 사람조차 어느 순간 눈가 주름이나 팔자주름을 의식하면서 병원을 찾는다. 여성들 역시 주름이 생기는 것을 민감하게 느낀다. 대개 눈가 주름이 먼저 생기고, 이어 팔자주름과 턱 라인 변화가 얼굴 인상을 바꾸기 때문이다.

이런 변화에서 환자들은 강한 문제의식을 갖는다. 그래서 상담 과정에서 "예전처럼, 그냥 원래대로 돌려주세요."라는 요청을 듣는 경우가 적지 않다. 그러나 '원래대로'라는 것은 이미 지나간 시간 속에 있는 것이기에 난감한 상황이 된다. 결국 성형수술은 단순히 외모의 문제가 아니라 나이듦과 사회적 경쟁, 개인의 정체성까지 얽혀 있는 복합적 문제다.

엉덩이 vs 얼굴, 세계가 주목하는 부위

환자들은 '어떤 계기'로 스스로 위기를 체감하고 수술을 결심한다. 주름이 깊어졌다든지, 코 모양이 달라 보인다든지 하는 직접적인 계기가 될 수도 있다. 흥미로운 점은 성형 연령과 행태에 변화가 있다는 사실이다. 20년 전에는 성형의 절정기가 20세 전후였다. 대학에 들어가거나 사회에 첫발을 내딛는 시기에 집중적으로 이루어졌다. 이는 한국 사회가 외모를 경쟁의 중요한 자원으로 삼는 문화를 반영한다. 요즘은 그 연령대가 더 내려와 중학생 시절부터 쌍꺼풀 수술을 받는 경우도 있다. 요즘은 어려서부터 조숙하고 사회적 노출이 많은 현실을 고려하면 이해가 되는 변화다. 반대로 미국은 성형을 노화 방지 차원에서 접근한다. 연금을 받고 은퇴한 뒤 젊음을 유지하기 위해 수술을 택하는 경우가 많다. 결국 한국의 성형은 '경쟁 사회 속 무기'라면, 미국의 성형은 '노화를 늦추는 대안'이라 할 수 있다. 하지만 한국의 경우에도 큰 변화가 느껴진다. 젊었을 때 성형을 경험한 세대가 중년으로 넘어가며 미국처럼 건강과 노화를 고려한 성형을 추구하고 있다.

체형 수술 역시 한국과 미국이 전혀 다른 양상을 보인다. 한국은 미국이나 서구와 비교하여 체형 수술 수요가 적은 편이다. 조금 통통한 체형은 귀엽다고 여기며, 우선 다이어트로 해결하려는 경향이 강하다. 비만을 질병으로 보는 시각이 널리 퍼지면서 체중 문제에 예민한 성격이 겹칠 때 수술로 이어지기도 한다. 주요 부위는 가슴, 지방흡입, 엉덩이 등이지만 한국은 특히 엉덩이 수술이 드물다. 이는 문화적 차이도 분명하다. 해외에서는 킴 카다시안 같은 셀럽이 보여주듯 엉덩이에 집중한 미의 기준이 뚜렷하다. 실제로 중동이나 남미의 SNS 게시물을 보면 엉덩이를 강조한 사진이 많다. 처음에는 "정말 저게 미의 기준일까?" 싶을 정도였지만, 그 사회에서는 자연스럽게 받아들여진다. 반면 한국은 여전히 얼굴 중심이다. 최근 들어 힙업 운동이나 일부 수술이 늘고 있지만, 아직은 제한적인 흐름에 그치고 있다.

결국 성형은 단순히 외모를 고치는 일이 아니다. 연령, 문화, 성향, 사회적 배경이 얽히며 서로 다른 변화를 이끌어낸다. 어떤 이에게는 자신감을 회복하는 계기가 되고, 또 다른 이에게는 경쟁에서 살아남기 위한 무기가 되며, 누군가에게는 노화를 늦추려는 수단이 된다. 성형은 몸을 바꾸는 기술을 넘어, 인간의 마음이 변하는 과정을 드러내는 하나의 사회적 실험이기도 하다. 바로 이 지점에서 우리는 '변화의 심리학'을 읽을 수 있다.

페이지를 넘겨, K유형과 B유형을 중심으로 각각의 유형이 어떤 시술이나 수술을 선호하는지, 어떤 심리에서 결정한 선택인지 더 자세히 들여다보자.

K유형, 예민함과
과잉의 경계

K유형은 대체로 예민하다. 왜 이렇게까지 예민할까 싶지만, 그 예민함을 잘 들여다보면 나름의 이유가 있다. 물론 성향이 다르다면 납득하기 어려운 경우도 있다. 같은 예민함이라도 맥락과 무게가 다르다는 얘기다.

KUNI를 보자. 행동파인 KUNA와 달리 KUNI는 늘 고민이 많다. KUNA는 목표를 정하면 과감하게 밀어붙이지만, KUNI는 "해야 할까, 말아야 할까?"를 두고 늘 생각한다. 그래서 흔히 선택하는 게 타투다. 그 순간에는 자기를 표현하는 마음으로 새기지만, 시간이 지나 사회적 제약에 부딪히면 지우고 싶어 한다. 충동과 후회의 반복, 바로 그 패턴이 KUNI의 특징이다. 이들은 큰 수술을 잘 하지 않는다. 한다 해도 후회하는 경우가 많다. 소심하고 스트레스에도 취약하기 때문이다. 예를 들어 취업이 잘 안 될 때 사회적 압박 때문에 성형을 선택하기도 한다. 당장은 도움이 될 수 있지만, 시간이 지나면 후회로 남는 경우가 많다. 결국 늘 고민하고 망설이는 스타일이다.

페이스 코드가 다르면 원하는 성형수술도 다를까? 나 역시 이 지점을 조심스럽게 다뤄왔다. 다른 성형외과 의사들과 종종 "가슴 수술을 받는 사람들의 페르소나는 어떤가?", "눈 수술을 받는 사람들과는 성향이 다를까?"와 같은 질문을 나눈다. 이러한 탐구를 바탕으로, 유형별 성형 태도를 조금 더 구체적으로 정리해보려 한다.

즐거운 관종 KUPA의 코드
: 눈 성형, 코 성형, 입술 필러

국내에서 가장 많은 분포를 차지하는 건 KUPA다. 대략 15% 정도로, 특히 젊은 층에서 흔히 나타난다. 스스로 예민하다고 말하면서도, 동시에 상위 1%가 되고 싶어 한다. "나는 우월해야 한다."는 욕구가 강한 편이다. 소비 심리에서도 비슷한 면이 있다. 꼭 필요해서가 아니라 우월감을 느끼기 위해 소비하는 경우가 있듯, 성형에서도 눈에 띄는 변화를 선호한다.

KUPA는 눈 수술을 하더라도 크게 한다. 앞트임, 뒤트임을 모두 하고, 쌍꺼풀도 라인이 높은 아웃폴드로 크게 잡는 걸 좋아한다. 코는 높게, 입술은 도톰하게 말이다. 주변의 시선을 즐기는 것이다.

최근에는 입술 필러가 자연스러워지면서, MZ세대 사이에서 센슈얼sensual한 입술을 선호하는 흐름이 강하다. 한국인의 전형적인 얇은 입술과 대비되면서 새로운 매력 코드로 자리 잡은 것이다. 이 유형의 사람들은 이런 시술을 일종의 놀이처럼 즐긴다. 큰 변화를 원하기보다 하나를 하더라도 확실하게, 눈에 띄게 하는 쪽을 택한다.

문제는 같은 부류끼리 모였을 때 생긴다. 서로의 변화를 눈여겨보다 보면 과해지기도 한다. 예전에 '성괴(성형괴물을 뜻하는 속어)'라는 말이 유행하던 시절, 압구정 일대에서 과도한 성형을 한 사람들이 무리 지어 다니던 모습과 비슷하다. 그래서 이 유형은 의사의 피드백이 반드시 필요하다. 브레이크를 걸어주지 않으면 자칫 지나친 성형으로 흘러갈 수 있기 때문이다.

평화로운 나르시시스트 KUPI의 코드

: 피부과 리프팅 레이저

KUPI는 온화하고 평화를 중시한다. 나르시시즘적인 성향이 있긴 하지만, 절대로 티 나는 수술은 하지 않는다. 피부과에서 리프팅이나 레이저 시술 정도는 시도하지만, 칼이 들어가는 수술의 벽은 끝내 넘지 못한다. 몸에 칼을 댄다는 건 이들에게 평화를 깨뜨리는 행위이기 때문이다. 필러조차 꺼리는 경우가 많다. 대신 피부를 조금 타이트하게 끌어올리는 정도는 "괜찮다." 라고 생각한다.

성형외과 의사로서 피부과 의사들과 정기적으로 컨퍼런스를 하면, 피부과 의사들이 시술 사진을 보여주며 "많이 좋아졌죠?" 라고 말할 때가 있다. 나는 미세한 변화여서 잘 모르겠다고 말하곤 하지만, 환자들은 매우 만족한다고 한다. 그래서 KUPI는 외모 관리에 관심은 있지만 받아들일 수 있는 선이 명확하게 정해져 있는 사람들이라고 할 수 있다.

화려한 행동가 KUNA의 코드

: 안면윤곽 수술, 가슴 수술, 최신 레이저기기 시술

KUNA는 행동가이면서 스스로를 제어하지 못하는 경우가 많다. 바탕에는 열등감이 깔려 있고, 그게 화려한 행동으로 표출된다. 성형수술을 많이 하는 사람을 두고 '성형 중독에 가깝고 이상한 캐릭터일 것'이라고 오해하는 경우가 있지만, 실제로는 평범한 사람이 많다. 2015년 이전까지만 해도 성형에 대한 사회적 시선이 좋지 않았다. 성형을 많이 하는 사람은 과격하거나 특이한 사람처럼 여겨졌던 것이다. 마치 30년 전, 흡연하는 여성을 곱지 않은 시선으로 보던 분위기와 비슷하다. 하지만 실제로 성형하는 사람들은 지극히 평범하다. 월급을 한푼두푼 모아 수술을 받는 평범한 사람들이 대부분이다.

이들은 월급 대비 미용 지출이 가장 높은 유형이다. 돈이 많아서가 아니라, 삶의 환경이 그들에게 끊임없이 자극을 주기 때문에 수술을 선택한다. 예를 들어 미용실이나 관리숍을 운영하는 사람을 떠올려보자. 종일 손님들과 "얼굴이 좋아졌다.", "살 좀 빠졌다."라는 대화를 나누다 보면 자신의 콤플렉스가 더 크게 드러난다. 보험업처럼 사람을 많이 만나야 하는 직종에서도 비슷하다. 외모 자극이 반복되다 보니, 결국 성형으로 이어지는 경우가 많다. 외모에 대한 노출이 많은 연예인들도 이 부류에 속한다.

이들은 욕구가 크고, 자극에 민감하며, 만족의 문턱이 높다. 그래서 최신 레이저기기, 안면윤곽 수술, 가슴 수술 같은 과감한 시술도 앞서간다. 성형외과의 VIP는 돈을 많이 쓰는 사람이 아니라 병원에 자주 오는 사람이다. 큰 수술은 한 번 하면 끝나지만, 꾸준히 작은 수술이나 시술을 이어가는 사람들이 진짜 VIP다. 그들을 보면 외모 자극이 많은 직종에 종사하는 경우가 많다는 걸 알 수 있다.

현실적 이상주의자 KUNI의 코드
: 연예인 모방 성형

KUNI는 이상과 현실 사이에서 갈등을 많이 겪는 유형이다. 예전에 중국에서 온 환자가 있었다. 아버지는 프랑스인, 어머니는 중국인이었는데, 이 환자가 가져온 사진은 게임 속 캐릭터 얼굴이었다. 중성적인 분위기에 노란 머리, 날카로운 선이 매섭게 강조된 얼굴이었다. 그는 얼굴을 그 캐릭터처럼 바꿔달라고 요청했다.

이때 문제는 현실성이 거의 없다는 점이다. 한국 사회에는 한국의 미의 기준이 있고, 중국에는 중국의 기준이 있으며, 서양에는 또 다른 기준이 있다. 그런데 이 환자는 이런 관습적 기준이 아니라 게임 속 가상의 이상을 현실에 구현해달라고 한 것이다. 이런 환자들에게 "원하는 대로 해주겠다."라고 말하는 의사가 있으면 그대로 믿고 맡겼다가 크게 실망할 가능성이 높다. "내가 좋아하는 음악이 내 얼굴에 드러나길 원한다."라는 요구를 실현하거나, 추상적 이상을 얼굴로 구현하려는 경우가 특히 어렵다.

KUNI가 늘 이런 과도한 환상에 빠지는 것은 아니다. 잘 지내다가 특정 계기로 갑자기 현실과 괴리된 선택을 할 위험이 있다는 말이다. 기본적으로 수술을 많이 하는 유형은 아니지만, 자극이 있으면 탐닉하듯 한쪽으로 치우치는 경우가 있어 주의가 필요하다.

즐거운 완벽주의자 KOPA의 코드

: 피부과 시술, 쁘띠 시술, 입꼬리 필러, 실 리프팅, 휴가에 맞춘 관리

KOPA는 성형을 철저히 자기 관리의 일환으로 본다. 그래서 정기 점검을 받듯이 병원에 온다. 보통 6개월에 한 번씩 "지금

나한테 필요한 시술이 뭘까요?"라고 묻는다. 이들은 돈에 크게 구애받지 않고, "예산이 이 정도 있으니 그 안에서 필요한 걸 해 달라."라고 말하는 경우가 많다.

관리 태도가 분명하고, 외모 관리가 사회생활의 중요한 부분이라고 생각한다. 옷차림도 깔끔하고, 생활 태도도 정돈되어 있는 경우가 많다. 그래서 주로 피부과 시술, 쁘띠 시술, 입꼬리 필러, 실 리프팅 같은 비교적 가벼운 시술을 즐겨 한다. 또 휴가에 맞춰 회복 기간을 계획적으로 잡기도 한다.

병원 입장에서 보면, KOPA는 성형외과 VIP 멤버십에 잘 맞는 환자다. 꾸준히 찾아오고, 안정적인 패턴으로 관리하기 때문이다. 이들은 큰 욕심을 내지 않고, 작은 변화를 통해 좋은 이미지를 유지하는 데 만족한다.

안분지족 오타쿠 KOPI의 코드
: 디테일 성형, 눈 앞뒤트임 수술, 콧볼 축소술, 유두 성형술

KOPI는 자신의 외모에 대해 전반적으로 만족하면서도 늘 하나가 마음에 걸린다. "나는 다 괜찮은데, 이 부분만 조금 고쳤으면 좋겠다."는 식이다. 그래서 큰 변화를 원하지 않고, 본인이 생

각하는 결점 하나를 집요하게 고치고 싶어 한다. 예를 들어 눈꼬리를 살짝 올리거나 콧볼을 줄이거나 유두 모양을 교정하는 경우가 그렇다. 전체적인 조화보다 세밀한 디테일에 집중하는 성향이다.

실제로 환자 중에서 자기 얼굴은 마음에 드는데 "동남아 느낌이 난다."며 콧볼만 줄여달라고 한 경우도 있었다. 코가 낮아도 전체 코 수술은 하지 않고, 콧볼 교정만 원하는 식이다. 유두 역시 출산 후 커지거나 들어간 경우, 겉으로는 별거 아닌 것 같지만 환자 본인은 이런 디테일에 강한 불편감을 느낀다.

이런 환자들은 상담 초반에는 불만을 바로 드러내지 않는다. 코 수술을 하러 왔다고 하면서도 이야기를 듣다 보면 전체적인 코 모양은 괜찮다고 말한다. 하지만 결국 시간이 지나면 아주 작은 부분의 불만을 털어놓는다. 그것이 본인이 집착하는 '1% 니즈needs'다. 그래서 이 유형은 디테일을 바꿔주면서 동시에 그 감정적 배경까지 이해해주는 것이 중요하다.

선택적 개인주의자 KONI의 코드

: 안면윤곽 수술, 고도비만 수술

KONI는 기본적으로 성형에 소극적이다. 아주 예민하지만 동시에 무관심해 보일 수 있다. 그래서 웬만하면 수술을 하지 않는다. 성형에 대한 역치가 굉장히 높기 때문이다.

하지만 기능적 문제가 생기거나 체형이 건강을 위협할 정도로 변했을 때는 상황이 달라진다. 예민함 때문에 결함이 거슬리기 시작하면 결국 수술을 선택하기도 한다. 안면윤곽 수술이나 고도비만 수술 같은, 어쩔 수 없는 상황에서의 결단이 대표적이다. 즉, KONI는 큰 변화를 추구하지 않지만 필요가 생기면 과감하게 움직인다. 평소에는 방관자처럼 보이지만 결정적인 순간에는 선택적 개인주의자의 성향이 드러나는 것이다.

B유형, 무심하지만
쉽게 흔들리는 본심

드라마나 소설이 끌리는 이유는 단순한 재미 때문만은 아니다. 이야기 속에는 늘 비슷한 구도가 반복된다. 주인공과 안티 주인공의 대립이다.

페이스 코드로 보자면 이 구조는 BOPI와 KUNA, 두 유형의 긴장으로 설명할 수 있다. BOPI는 외부의 시선에 둔감하고 자신의 매력에도 무심하며, 고난을 묵묵히 감내한다. 반대로 KUNA는 타인의 시선에 예민하고, 불안을 에너지 삼아 끊임없이 움직인다. 보통 이야기 속에서는 자원을 활용하고 계략을 꾸미며 상대를 흔드는 쪽이다. 이때 KUNA의 힘을 부정적으로만 볼 필요는 없다. 상황에 따라 그 예민함은 현실에서 치밀한 기획력이나 추진력으로 드러나기도 한다. 두 유형이 맞부딪히면서 권력, 질투, 희생, 보상이라는 오래된 서사 공식이 작동한다.

《백설공주》를 떠올려보자. 무심한 백설공주는 BOPI이고, 불안과 질투에 휘말린 왕비는 KUNA다. 누구나 상황에 따라 BOPI의 면모와 KUNA의 면모를 오가며 살아간다. 실제 삶에서 KUNA와 같은 성향이 늘 악역으로 귀결되는 것은 아니다. 그 예민함이 변화의 필요를 감지하는 안테나가 되기도 하고, 경쟁을 뚫고 앞으로 나아가게 하는 동력이 되기도 한다.

이 구도가 강력한 이유는 선악의 대비가 선명해 긴장감을 만들어내기 때문이다. 시청자는 주인공의 고난에 연민을, 악역의 집요함에 분노를 느낀다. 많은 이가 현실에서도 스스로를 BOPI처럼 살아간다고 느낀다. 그래서 주인공의 승리가 주는 대리만족이 더욱 크다.

1%의 불만이 전부를 흔든다

내가 아는 사람 중에 이런 유형이 있었다. 어릴 때 어머니가 병원에 데리고 가서 쌍꺼풀 수술을 해줬는데, 본인이 원한 게 아니었기에 두고두고 불만을 품었다. 겉으로는 예뻐 보여도 스스로는 만족하지 못하고 계속 부모 탓을 한 것이다. 이게 바로 N유형의 특성이다. 99%가 만족스러워도 1%의 불만이 있으면 그것이 훨씬 크게 다가온다. 특히 자기 의지가 아닌 상황에서 이루어진 선택일수록 더 그렇다.

이건 삶의 태도와도 연결된다. 불만이나 책임을 외부 요인에서 먼저 찾는 경향이 N유형에서 나타나기도 한다. 가슴 성형을 남편 취향에 맞춰서 하는 경우, 남자친구가 요구해서 코를 고치는 경우도 있다. 반대로 남성이 여자친구 요구에 따라 수술을 받는 사례도 있다. 엄마가 원해서, 남편이 원해서, 애인이 원해서 시작하는 수술은 생각보다 흔하다.

문제는 이런 상황에서 자기 주도성이 약해지고, 결국은 외부의 압력에 휘둘리기 쉽다는 점이다. 마치 사춘기 아이가 정체성이 흔들릴 때 가스라이팅에 취약한 것처럼, 미적인 주관이 확립되지 않으면 사회적 압력에도 쉽게 흔들린다.

실제로 신혼여행을 마치고 돌아온 다음 날 곧장 수술을 예약한 부부가 있었다. 이유를 묻자, 남편이 수술하라고 했다는 답이 돌아왔다. 신혼여행 후 남편이 짐을 챙겨 직접 병원까지 데려온 것이다. 언뜻 보면 지지하는 태도로 보이지만, 사실은 "남편의 허락과 지지 속에서만 움직인다."는 점에서 자기 주도성이 부족한 모습이기도 했다.

타인이 원해서 수술을 하는 태도는 위험하다. 자기 얼굴에 대한 생각과 선택이 명확히 정리돼 있지 않다면, 결국 만족스럽지 않은 결과로 이어질 가능성이 크기 때문이다.

사회적 꾸안꾸 BUPA의 코드
: 눈 밑 처짐 수술, 쥐젖 치료, 제모

BUPA는 본인의 필요보다 사회적 요구에 의해 움직이는 경우가 많다. 말하자면 사회적으로 잘 적응하고, 남들에게 더 좋아 보이기 위해 성형이나 시술을 선택한다. 대표적인 예가 눈 밑 처짐 수술이다. 흔히 30대 후반이나 40대가 하는 '직장인 수술'이라고 불리는데, 나이 들어 보이는 인상을 개선하기 위한 것이다. 주름이 깊거나 쥐젖이 있으면 관리가 안 된 것처럼 보이고, 상대에게 불편한 인상을 줄 수 있다. 그래서 이들의 관리 행위에는 상대방을 배려하는 의미도 담기게 된다.

이 유형의 사람들은 특히 비밀을 중요하게 여긴다. 일본 환자들이 대표적이다. 이들은 성형외과에서 누군가를 마주치는 상황을 극도로 꺼린다. 누군가 본인을 알아보면 안 되고, 수술이 티가 나서도 안 된다. "꾸몄다."라는 느낌은 절대 피해야 하며,

자연스럽게 꾸민 듯 안 꾸민 듯한 느낌으로 보여야 한다는 것이 가장 큰 원칙이다. 사실 사람들은 남의 목에 있는 작은 쥐젖 같은 건 잘 보지도 못한다. 하지만 이 유형은 그런 것을 세심하게 신경 쓰며, 작은 부분까지 관리하려 한다.

편안한 원칙주의자 BUPI의 코드
: 눈꺼풀 처짐, 이마 처짐, 코 수술

BUPI는 기본적으로 튀는 걸 원하지 않는다. 현실에 만족하기 때문에 바라는 것은 현재보다 나빠지지 않는 것이다. 그래서 대체로 아무것도 하지 않고 지내는 경우가 많지만 예를 들어 '아래로 처지는 부분'이나 '정상 기능'에 문제가 생기면 결단을 한다. 눈꺼풀이 처지거나 이마가 내려앉거나 코 기능에 문제가 생겼을 때가 그렇다.

이들에게는 성형 권유 방식도 다르다. "이건 문제가 있으니 수술하셔야 합니다."라고 말하면 어렵게 "생각해볼게요."라는 답이 돌아온다. 언제 할 거냐고 물으면 "조금 더 생각해보겠다." 라는 식으로 미루고, 강하게 권하면 오히려 회피하는 마음을 드러낸다. 하지만 다른 접근이 있다. "주변에서 얘기 안 하세요?

눈 밑이 많이 거슬리는데 다들 이런 건 수술하시던데요."라고 말하면 마음이 움직인다. 다른 사람이 했다는 말을 듣고, 본인만 낙오되지 않기 위해 결국 수술을 선택하는 경우가 많다.

분주한 추종자 BUNA의 코드
: 친구들과 함께 하는 쌍꺼풀 수술, 가슴 확대술

BUNA는 스스로 뚜렷한 기준이 없다. 대신 주변 분위기에 쉽게 휩쓸리고, 친구나 가족의 선택을 따라가는 편이다. 고3 학생 다섯 명이 함께 쌍꺼풀 수술 상담을 받으러 올 때, 그중 한두 명은 꼭 이런 유형이 포함돼 있다. "친구들도 다 한대."와 같은 이유로 결정하고 움직인다. 성격이 급하고, 빨리 변화를 얻고 싶어 하는 모습도 흔하다.

쌍둥이나 자매, 엄마와 딸이 함께 오는 경우도 마찬가지다. 얼굴이 닮아도 받아들이는 정도나 불만의 정도가 다를 수도 있다. 하지만 한 사람이(주로 K유형) 주도적으로 수술을 원하는 경우 BUNA는 본인이 수술하지 않으면 어색해 보일 수 있다는 생각 때문에 따라간다. 재미있는 건, 이들이 먼저 수술한다는 점이다. 수술 날짜를 잡을 때 뒤에 혼자 남겨지는 것이 싫어서 먼저 수술하는 경우가 많다. 분주한 추종자형의 특징이다.

방구석 공상가 BUNI의 코드
: 성형 관심도 낮음, 코 필러, 귀 필러, 콤플렉스를 최소화하는 시술

BUNI는 성형할 확률이 낮다. 겉으로 보기엔 무관심해 보이지만, 속으로는 콤플렉스를 안고 산다. 다만 대체로 애써 무시하고 지나가며, 병원에 오는 경우는 드물다. 그래도 계기가 생기면 최소한의 시술은 하면서 '이건 수술이 아니야.'라고 생각한다. 예를 들어 코 끝이 낮은 경우 간단한 코 필러나 돌출귀가 있는 경우 귀 필러처럼 눈에 띄지 않는 작은 변화로 콤플렉스를 덮으려 한다.

이들에게는 일종의 '고민 총량의 법칙'이 작동한다. 삶에 더 큰 고민이 있을 땐 외모 고민이 묻히지만, 여유가 생기면 다시 떠오른다. 자녀를 대학에 보내고 나서야 자기 얼굴을 자세히 들여다보는 주부처럼, 시급한 상황이 일단락되면 숨어 있던 불만이 드러나는 것이다. 그때 비로소 병원을 찾아 최소한의 교정을 받는다.

순응형 현실주의자 BOPA의 코드

: 입술 필러, 눈 밑 애교 필러, 쌍꺼풀 수술

    BOPA는 성형을 아주 가볍게 받아들인다. "재밌네, 괜찮네." 라는 식으로 쉽게 시도하고 만족하면서 즐겁게 지낸다. 그러다 옆사람이 예뻐진 걸 보면 또 하고 싶어지고, 다시 시간이 지나면 무심해진다. 말 그대로 즉흥적이고 또 반응적인 스타일이다.

    이 성향은 태국인 환자에게서 본 적이 있다. 태국은 대대로 동남아시아의 부국이어서 여유롭고 즉흥적인 면이 있는데 미에도 확실히 관심이 많다. 의식주가 해결된 상태에서 외모에 신경 쓰는 것이다. 그래서 월급이 들어오면 며칠 만에 써버리고, 성형이나 시술도 급여가 들어오면 몰아서 한다. 입술 필러, 애교 필러, 쌍꺼풀 수술 같은 비교적 가벼운 시술이 주를 이룬다. 중요한 것은 시술하지 못하는 상황이어도 불행하다고 느끼거나 스트레스를 많이 받지는 않는다는 점이다.

낙관적 자연주의자 BOPI의 코드

: 성형 관심도 매우 낮음

BOPI는 '나 정도면 괜찮다.'라는 생각을 가진다. 기본적으로 자신감이 있어서 성형에 크게 집착하지 않는다. 386세대, 그 이상의 남성들은 대체로 외모에 무심하다. 왜 그럴까? 남성의 성역할이 강조된 환경에서 자라 '남자가 무슨 외모에 신경을 써?'라고 생각하는 면도 있고, 남자들 간의 생활에 익숙해서 자극을 덜 받는 면도 있다. 요즘 젊은 남성 세대는 부드럽고 중성적인 외모를 선호하는 경향이 있어 소위 '아이돌 성형'을 하기도 한다. 정반대로 어떤 이들은 더 남성적으로 보이고 싶어 사각턱을 강조하거나 메부리코처럼 강한 인상을 원하는 경우도 있다.

예전에 남성 환자들을 위해 대기실을 따로 만든 적이 있다. 여성 환자들 사이에 앉아 있는 걸 불편해하는 경우가 많았기 때문이다. 그만큼 남성 성형은 여전히 소수의 영역이다. 하지만 이 유형이 역치를 넘게 된다면 이유는 분명하다. 스스로를 위해 꼭 필요하다고 느끼거나 사회적 상황이 심하게 몰아붙일 때다.

외모 소시민 BONA의 코드

: 홧김에 얼굴 전체 성형

NA유형은 홧김에 성형하는 경우가 많다. 스트레스는 큰데 방향성이 없으니, 그때그때 보이는 걸 따라간다. 주변에서 코 높은 사람이 예뻐 보이면 코 수술을 하고, 어떤 사람의 입술이 부러우면 입술 시술을 한다. 전체적인 조화를 생각하기보다는 눈앞의 자극에 쉽게 반응하는 식이다. 실연 뒤에 얼굴 전체를 성형하는 '복수 성형'을 감행하기도 한다.

이 유형은 정보를 많이 알려주고 기준을 빨리 세우도록 도와줘야 한다. 미와 외모에 대한 자기 기준, 관리 원칙이 없으면 계속 흔들리고, 모방적으로 따라가기만 한다. 그래서 상담할 때는 단순히 수술 계획을 짜기보다, 미적 감각과 기준을 심어주는 교육이 필요하다. 그렇지 않으면 수술 후 불만과 후회가 쌓인다.

선택적 중립주의자 BONI의 코드

: 성형 관심도 기징 낮음

BONI는 성형할 확률이 가장 낮다. 평소에 화장도 잘 안 하고,

외모에 큰 투자를 하지 않는다. "나는 그냥 나대로 살겠다." 하고 쿨하게 결정한 사람들이다. 외부 자극에도 크게 흔들리지 않는다.

하지만 부모가 개입할 때 문제가 생기기도 한다. 본인은 원하지 않는데 부모가 데리고 와서 수술을 시키는 경우다. 이런 상황에서 성형을 하면 만족도가 낮아질 수밖에 없다. 더 큰 문제는 이 유형은 부작용을 받아들일 수 있는 용량capacity이 작다는 점이다. 그래서 상담할 때 미리, 여러 차례 말해줘야 한다. 수술의 장단점을 충분히 설명하고, 이들이 실제로 원하는 바가 무엇인지 정확히 확인해야 한다.

나를 더 사랑하게
만드는 지도

앞에서 외모에 대한 현재의 내 감정과 생각, 행동에 대해 살펴보았다. 이제까지 몰랐던 나의 새로운 면을 발견했을 수도 있고, 어떤 행동이나 습관의 발단 혹은 원인을 찾았을 수도 있다. 결국 외모 코끼리를 내보내느냐 마느냐는 얼굴이 아니라 마음의 문제다. 외모 코끼리 때문에 행복해지는 것도, 불행해지는 것도 얼굴 때문이 아니다. 더 우월한(대칭이나 비율 면에서 예쁘다고 여겨지는) 외모를 가졌다고 모두 만족하는 것은 아니며, 반대의 경우라고 해서 모두 불행한 것도 아니다.

동서고금의 현자들이 "현재가 중요하다."고 말해도, 과거의 사슬에서 벗어나지 못하는 게 인간이다. 외모뿐 아니라 대부분의 문제는 그 기억에서 비롯된다. 얼굴은 몸의 일부다. 엄밀히 말하면 몸 위에 붙은 여러 기관의 모음일 뿐이다. 아담과 이브 시대에도 얼굴이 이렇게 큰 고민이었을까? 같은 시대를 살아도 얼굴로 고민하는 사람과 그렇지 않은 사람의 차이는 어디에서 비롯될까?

그 차이는 결국 '얼굴을 대하는 마음의 방식'에 있다. 같은 얼굴이라도 어떤 이는 결점을 먼저 보고, 어떤 이는 전체의 조화를 본다. 어떤 이는 거울 속 자신을 평가하고, 또 어떤 이는 받아들인다. 얼굴은 모두 다르지만, 그 얼굴을 바라보는 마음의 프레임은 더 다양하다. 그 프레임이 바로 성향이다. 성향은 얼굴의 형태보다 훨씬 깊은 차이를 만든다.

정도의 차이는 있지만, 누구나 각 성향을 조금씩 지니고 있다. 예민함과 둔감함, 불안과 즐거움, 행동과 절제의 기질은 고정된 것이 아니라 상황에 따라 달라진다. 어떤 날은 K유형처럼 예민하게 반응하고, 또 어떤 날은 B유형처럼 무심해진다. 중요한 것은 성향의 절대값이 아니라 그 레버를 인식하고 조절할 수 있느냐이다. 내가 지금 어느 방향으로 기울어 있는지를 알아차리는 순간, 이미 변화는 시작된다. 성향은 바꾸는 것이 아니라 조율하는 것이다. 레버를 어떻게 당기느냐에 따라 얼굴을 대하는 태도, 나를 대하는 방식이 달라진다.

옳고 그름이 아닌, 나의 방향

노파심에 한 번 더 강조하자면, 외모에 대한 생각이나 가치관에는 옳고 그름이 없다. 외모를 중시하는 것이 더 속물적이라거나 외모에 무심한 것이 더 고상하다는 식의 판단은 아무 의미가 없다. 우리는 그저 현상을 볼 뿐이다.

앞서 말했듯이 인간의 외모는 종 모양의 정규분포 어딘가에 놓여 있다. 평균적인 모습은 다수가 모인 가운데쯤이고, 일부 소수에게 대중의 선호가 쏠릴 뿐이다. 우연히 그쪽에 속한 사람들은 부러움을 사고, 그렇지 않은 사람들은 원하는 모습을 향해 노력한다. 거기에 선악이나 우열을 매길 이유는 없다.

책의 서두에서 강조했듯이, 페이스 코드가 중요하게 여기는 것은 바로 외모로 인한 내 마음이 행복하거나 괴로운 감정은 일시적일 수도 있지만, 습관적·지속적으로 고착될 수도 있다. 후자라면 그 감정이 어느 순간 행동(반응)으로 터져 나올 수밖에 없다.

내성적인 성격과 외향적인 성격 중에 어느 쪽이 더 우월하다고 말하지 않듯이, 냉장고에 왜 전자레인지처럼 음식을 데우지 않느냐고 따지지 않듯이, 외모에 대한 감정, 생각, 행동 역시 각자 다른 개인적 특징일 뿐이다. 페이스 코드는 그 차이를 판단하기 위한 잣대가 아니다. '지금의 나'가 어떤 감정의 자리에서 얼굴을 바라보고 있는가, 그리고 그 감정이 나의 선택과 행동에 어떤 영향을 주고 있는가를 인식하기 위한 지도다. 이제 그 지도를 펼쳐, 나의 좌표를 찾고 스스로 조율하는 방법을 살펴보자.

나의 좌표를 찾는 4개의 축

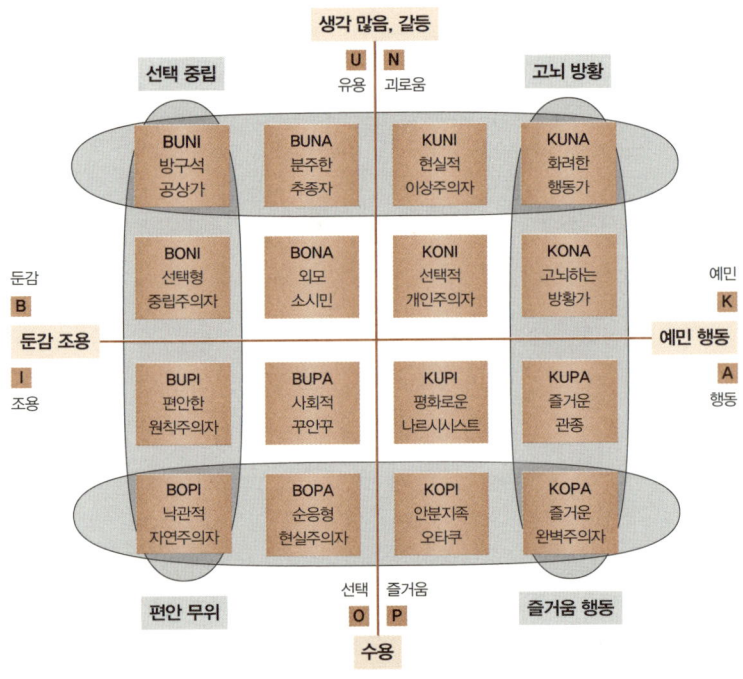

그림6. 페이스 코드 좌표 지도

그림6을 보면 얼굴에 대한 태도는 네 축으로 나눌 수 있다. 예민(K)↔둔감(B), 유용(U)↔선택(O), 괴로움(N)↔즐거움(P), 행동(A)↔정지(I)가 있다. 이 가운데 K유형과 P유형은 타고난 성향이고 감정이라 반응이 빠르고 제어하기 어렵다. 반대로 U유형과 A유형은 스스로 결정을 내려 다룰 수 있는 레버다. 또 K유형과 A유형은 부산하고 즉각 움직이는 쪽이고, B·O·P·I유형은 감정의 흐름에 따라 천천히 움직인다. 사람은 '즐겁고 중요한 것'은 쉽게 수용하고, '괴롭고 중요하지 않은 것'은 억지로 타협한다. 이제 나의 좌표를 짚고, 이동 경로를 정하면 된다.

방법은 단순하다. 좌표는 한 번에 질러서 이동할 수 없다. 반드시 바로 옆의 가까운 칸을 거쳐서만 이동할 수 있다. 내가 서 있는 칸에서 마찰이 가장 적은 옆 칸을 먼저 밟고, 그 다음 옆 칸으로 넘어가는 것이다. 나는 어디로 갈지, 어디서 타협할지, 어느 정도 액션을 취할지를 정해두면, 그 자체가 솔루션이 된다.

예를 들어 내가 KUNA처럼 예민·불안·행동형이라면 당장 '크게 지르는' 결정을 멈추고 '선택(O)'의 레버를 당긴다. 상담 병원 세 곳만 예약하고, 비교 기준(흉터·회복·비용·재수술률)을 미리 적어 간다. 그다음 '행동 강도(A)'를 미세 행동으로 쪼갠다. 오늘은 콤플렉스 부위를 사진으로 기록하고, 내일은 시술 및 수술에 대한 모의 시뮬레이션을 하고, 모레는 시술 및 수술 동의

서를 읽는다. 이런 작은 경유가 K유형의 성형 과열을 식히면서
도 앞으로 나아가게 만든다.

반대로 BOPI처럼 둔감·선택·즐거움·정지 유형이라면, "이
정도면 괜찮다."에 머물다 중요한 변화를 놓치기 쉽다. 이때는 A
의 레버를 당겨 BOPA로 한 칸 이동한다. 눈꺼풀 처짐 같은 기
능적 문제를 먼저 다루고, 부위마다 '중요도 태그'를 붙여본다.
"나에게 중요하면서 부담이 적은 것 하나" 이렇게 말이다. 생활
의 불편을 줄이는 작은 시술을 실행하면 관성이 풀린다.

불안이 크고 기준이 없는 BONA라면, 가장 먼저 정보와 기준
(U)을 세워야 한다. 즉흥적인 선택을 막는 장치다. '내 기준 카
드'를 만들고, 나에게 중요한 요소 세 가지(기능, 조화, 회복)를 정
한다. 하지 않을 것도 함께 적는다. 가령 대칭에 100% 집착하거
나 성형 유행에 따르는 것을 금지한다. 모든 시술에 '숙려 2주'
규칙을 붙이고 그 기간 동안 숙고한다. 이 두 장치만으로도 N의
파도는 한결 잦아든다.

디테일에 집착하는 KOPI라면, 감정(P/N) 대신 정보와 기준
(U)를 앞세운다. 내 집착이 '점·선·면' 중 어디에 있는지 먼저
표시하고, 해당 층위만 다루는 미세 목표를 하나 정한다. 목표
를 "티 안 나게 불편감 30% 감소" 같은 기능적 문장으로 바꿔두
면 과도한 교정 욕구가 가라앉고 만족 역치가 현실적으로 내려

간다.

BUPA라면 '비밀·자연스러움'이라는 핵심 가치를 인정한 채 경로를 짜야 한다. 티가 거의 나지 않는 항목(쥐젖, 제모, 눈 밑 처짐)을 우선순위에 두고, 회복 기간은 사회 일정과 겹치지 않게 조율한다. 나에게 중요한 건 '눈에 띄는 변화'가 아니라 '튀지 않는 아름다움'이라는 것이 합의되면 내적 갈등이 훨씬 줄어든다.

앞서 언급했듯이 이동은 언제나 가까운 칸부터다. 예민을 낮춘다고 곧장 K→B로 점프하지 말고, K→U(정보와 기준)→B(둔감)로 간다. 불안을 줄이려면 N(괴로움)→U→P(안심과 즐거움)로, 외모가 스스로 불만스러우나 아무것도 하지 않는 정지 상태를 깨려면 I(정지)→O(선택)→A(작은 실행)로 간다. 매 단계는 '하루 10분'짜리 미세 행동으로 만든다. 필터 없이 자연스러운 내 얼굴 5장 찍기, 성형수술 상담 질문지 10문항 작성, 감정 일기 하루 3줄 쓰기, 선크림-세안-수면 7시간 루틴 같은 것이 그 예다.

결국 핵심은 이렇다. 내 좌표를 찾고, 내가 손댈 수 있는 레버를 당겨 옆 칸으로 간다. 거기서 다시 한 칸씩 경유지를 밟아가면 나는 어디로 갈지, 어디서 타협할지가 자연스럽게 정리된다. 그리고 그 순간부터, 얼굴이 아니라 마음을 바꾸는 일이 시작된다.

FACE

Part 4

수용과 연결,
외모로
행복해지기

CODE

FQ가 알려주는
내 마음 상태

삶에 대한 생각은 종종 바뀐다. 삶의 비전 역시 의식의 진화에 따라 소유, 활동, 존재의 차원으로 발전한다. 무엇을 가지고 싶어 하는 '욕망의 삶'에서 시작해 무엇을 이루고자 하는 '성취의 삶'으로 나아가며, 궁극적으로는 어떤 존재가 되고 싶은가에 대한 '깨달음의 삶'으로 발전해간다(물론 소유가 존재보다 저급하다거나 깨달음이 성취보다 고귀하다는 뜻은 아니다).

이러한 삶의 변화들은 서로 분리되어 있지 않다. A에서 B로 단계가 기계적으로 넘어가는 것도 아니다. 다행히 우리 사회는 소유보다는 경험, 경험보다는 자신의 존재에 점점 더 초점을 맞추는 쪽으로 발전하고 있다. 돈을 벌기 위해, 좋은 배우자를 만나기 위해 나의 외모를 바꿔야 한다고 생각한다면, 그것은 미래를 위해 현재의 자신을 희생시키는 것이 아닌지 돌아보아야 한다. 미래의 나도 중요하지만 현재의 내 마음이 행복한지를 먼저 점검해보자는 의도로 만든 것이 페이스 코드이니 말이다.

지난 30년 동안 성형외과 의사로 일하고 성형외과 병원을 운영하면서 이러한 문제들을 해결하고자 하는 수만 명의 사람을 만났다. 그중 어떤 이들은 외모에 대한 고민을 지혜롭게 잘 해결해나갔다. 나에게 찾아와 조언을 구하기도 했고, 때로는 자신의 변화를 자랑하기도 했다. 반대로 속으로 괴로운데도 겉으로는 외모에 관심 없는 척하거나, 정작 자신의 문제로부터 자유롭지 않음에도 이 모든 것이 사회의 문제라고 맹렬히 비판하는 사람들도 있었다.

페이스 코드의 질문들은, 사람들이 이러한 문제를 어떻게 다루는지, 어떤 식으로 마음에 담아두거나 행동으로 표출하는지에 초점이 맞춰져 있다. 모든 치료는 진단으로부터 시작된다. 그러므로 외모에 대한 문제를 해결하기 위해서도 먼저 내 마음 상태를 정확히 알아야 한다. 이와 관련해서 참고할 만한 FQ^{Face Quotient}, 즉 '얼굴 지수'를 소개한다.

외모에 대한 안정감·행복감을 측정하는 FQ

FQ는 인지 지수^{IQ}나 감성 지수^{EQ}처럼, 자신의 외모에 대해 어느 정도 수용적이고 얼마나 조화로운 감정을 가졌는지를 평가한다. 한마디로 외모에 대한 안정감과 행복감을 측정하는 지수다. 외모에 대한 안정감과 행복감은 대인관계나 사회적인 적응에 중요한 영향을 미친다. 이 지수를 통해서 은둔형 외톨이, 성형 중독, 외모 비관 자살 등의 성향을 러프하게나마 짐작할 수 있고, 미용 소비 패턴도 유추해볼 수 있다. 당연한 말이지만 FQ는 얼굴이 예쁘냐, 안 예쁘냐와 비례하지 않는다. FQ가 높은 사람은 자신의 외모에 대해 잘 알고, 올바른 지식을 통해 정확한 판단을 내리며, 문제가 있을 때 주관적으로 잘 수용하고 적절한 대책을 찾아 실행함으로써 안정적인 마음 상태를 유지한다. 이것은 외모에 대한 과도한 자신감이나 집착, 외모 비하로 인한 우울증 등으로부터 비교적 자유롭다는 의미다.

반대로 FQ가 낮은 사람은 외모 때문에 불안하거나 속으로 갈등할 수 있다. 수용과 표현이 부족한 상태라고 볼 수 있다. 앞서 웹사이트(facecode.co.kr)나 QR코드를 통해 페이스 코드 테스트를 해보았다면, 그 결과로 마지막에 FQ 점수가 나왔을 것이다. 각 점수 단계에 대한 간단한 설명은 다음과 같다.

80점 이상

자신의 외모에 대한 장단점을 잘 파악하고 받아들인 상태. 즐거움의 수단으로 외모를 사용하기도 한다. 문제가 생기더라도 적절하게 대처하며 변화에 대해 적극적이고 외부와도 적절한 소통이 이루어지는 행복한 상태다.

60~80점

외모에 적절한 관심을 가지고 있는 상태. 자신의 외모를 잘 받아들이며 조화롭게 생활하는 비교적 안정적인 상태다.

40~60점

외모에 대한 수용이 부족하지만 이를 겉으로 표출하지는 않는 상태. 내적 갈등 때문에 외모에 대한 기피 혹은 집착 등의 증상이 나타나며 적절하게 대처하거나 변화하지 못하고 있다. 외모에 대한 불수용, 갈등이 의도적 무관심, 외면, 거부 등의 증상으로 나타날 수도 있다.

40점 이하

자신의 외모에 집착하거나 회피하는 등 불안정한 상태. 객관적인 미적 기준과 관계없이 자신의 외모에 만족하지 못해 지나치게 많은 시간과 자원을 쏟아붓고 있다. 외부와의 연결이 없거나 적어서 혼자 힘으로는 개선이 어려운 상태다.

TV에 나오는 예쁘고 잘생긴 연예인이나 SNS에서 핫한 인플루언서들을 보면 '외모 때문에 고민하거나 불행하다고 느끼는 일은 전혀 없겠지?' 싶겠지만 실상은 그렇지 않다. 오히려 지나친 집착으로 안정감과 행복감이 일반인보다 훨씬 낮아서 FQ도 굉장히 낮게 나오는 경우가 많다.

　나 역시 진료실에서 뛰어난 외모로 사랑받는 스타들을 수없이 많이 만나보았지만, 누가 봐도 우월한 그들조차 "외모 때문에 행복하지 않다."고 털어놓곤 했다. 선천적인 어떤 문제나 기질, 과거에 대한 집착, 변화를 받아들이지 못하거나 외부와의 연결이 부족한 상태, 적절한 대처 능력 부족, 자신의 강점을 발견하지 못하고 즐기지 못하는 등 다양한 문제로 고통받고 있었다.

　마음의 평온과 행복을 주기 위해 탄생한 종교가 역설적으로 전쟁과 비극, 불행을 초래하는 것처럼, 외모 또한 개인의 삶에 큰 고통과 괴로움을 주기도 한다. 이제부터 이러한 문제들을 조금 더 자세하게 하나씩 살펴보면서, 어떻게 하면 외모를 통해 행복해질 수 있는지에 대해 알아보자.

수용: 있는 그대로의 나를 잘 받아들이기

'수용'은 정신적으로 건강해지고 행복해지기 위해 반드시 갖추어야 할 첫 번째 조건이다. 사실 '수용'이 되지 않으면 불행의 사슬을 끊고 삶의 다음 단계로 나아갈 수가 없다. 수용은 무조건적 통과나 덮어놓고 긍정하라는 의미가 아니다. 체념이나 포기와도 다르다. 살면서 잘된 일이나 결과가 좋은 일을 받아들이기는 쉽다. 하지만 불행한 일이나 잘못된 일까지 편안하게 받아들일 수 있는 사람은 별로 없다.

그런 의미에서 수용은 벌어진 일을 있는 그대로 받아들이고 인정하는 것이라 할 수 있다. 예를 들어 교통사고로 얼굴에 흉터가 생겼다거나 어릴 때 질병을 앓아 얼굴이 틀어졌다면 실망하거나 좌절하기 쉽다. 현실을 받아들이는 것 자체가 결코 쉽지 않다. 그래서 수용은 많은 노력과 긴 시간이 필요한 작업이기도 하다.

'내 모습 받아들이기'의 5단계

그렇다면 어떻게 수용할 수 있을까? 심리적인 수용의 단계에 대해 가장 잘 알려진 것은, 미국의 정신과 의사 엘리자베스 퀴블러 로스 박사의 '죽음에 대한 수용 5단계'다. '부정-분노-협상-우울-수용'이라는 5단계를 거친다는 이론이다. 외모에 대한 수용도 비슷한 단계를 거친다.

예를 들어 사춘기 아이의 외모 수용 과정을 살펴보자. 사춘기가 되면 얼굴 골격과 이목구비가 급격하게 변화한다. 그 시기를 지나면 성인으로서 자신의 모습이 어느 정도 정해진다. 또 이 시기에는 호르몬 변화로 감정 기복이 커지고 이성에도 눈을 뜬다. 덕분에 자신의 얼굴에 대해서 본격적으로 고민하거나 어떤 시도를 해본다. 이때 외모의 변화를 수용하는 단계를 살펴보면 다음과 같다.

부정: 내 모습이 변해서 어색해. 예전에는 귀엽고 예뻤는데 지금의 나는
　　　나 같지 않아.

분노: 내 얼굴에 화가 나. 부모님은 나를 왜 이렇게 낳았을까?

협상: 시간이 지나면 괜찮아지겠지? 더 열심히 공부하면 외모쯤은 극복
　　　할 수 있어. 나중에 돈 많이 벌어서 패피(패션피플)가 되어야지. (이
　　　런 말로 자신과 협상한다.)

우울: 내 모습이 실망스러워서 나는 우울해. 아무 말도 하고 싶지 않아.
　　　나 좀 혼자 있게 내버려 둬. (사회적인 반항심도 들 수 있다.)

수용: 결국 이게 내 모습이구나. 이런 내 외모를 받아들이는 수밖에.

　수용의 단계를 지난 후에는 자신의 모습을 점점 더 사랑하게
되는 나르시시스트가 될 수도 있다. 이러한 부정-분노-협상-우
울-수용의 단계는 가까운 이의 죽음이나 상실 같은 변화를 받
아들이는 과정에서 대부분의 인간이 느끼는 감정의 질곡이기도
하다.

　감정은 인간을 지배한다. 복잡한 감정에 사로잡혔을 때 우리
가 가장 먼저 해야 할 일은 고통pain과 괴로움suffering을 분리하
는 것이다.[4] 고통과 괴로움을 분리하라는 말이 무슨 뜻일까?

　외모가 문제라는 사실, 이것 때문에 실제로 불이익을 당했다

거나 꿈을 이룰 수 없다는 사실은 고통스럽다. 이것은 어쩌면 피할 수 없는 일일 것이다. 하지만 그것 때문에 지금까지 살아온 삶 자체를 부정하거나 더 깊은 절망 속으로 자신을 밀어 넣는 일은 괴롭다. 나 자신을 이러한 절망에 넣지는 말아야 한다. 무언가를 '수용'할 때 어려운 것이, 그것에 늘 '감정'이 따라다니기 때문이다. 분명히 머리로는 받아들였는데, 그것을 떠올리기만 하면 나도 모르게 한숨이 푹 나오거나 식은땀이 나고 가슴이 두근거린다.

알다시피 감정은 자연스러운 반응이다. 시간이 지나면 흘러가는 것이기도 하다. 그런 감정을 억누르거나 없애야겠다고 생각하는 순간 수용은 멀어진다. 어떤 감정이 생겼다는 것을 알아차리고, 바라보고, 자연스럽게 흘러가도록 내버려두는 것이 곧 수용이다. 고통과 괴로움을 분리시키라는 말은, 고통을 주는 문제 자체는 피할 수 없겠지만 괴로움이라는 나의 반응은 피할 수 있고 피해야 한다는 것을 뜻한다. 정신과 의사이자 작가인 빅터 프랭클은 "자극과 반응 사이에는 공간이 있다."는 명언을 남겼다. 자극은 어쩔 수 없지만 어떻게 반응할지는 내 선택에 달렸다는 의미다.

나의 감정과 선택, 판단까지도 전부 나다

그렇다면 앞서 예로 든 불가항력의 질병이나 선천적인 문제가 아닌 경우는 어떨까? 나의 어떤 행동이나 판단의 결과로 현재의 문제가 생겼다면, 그것마저도 수용할 수 있을까? 예를 들어서 취미로 윙슈트나 파쿠르 같은 익스트림스포츠를 즐기다가 사고가 났거나, 타인과의 말다툼 끝에 폭행을 당해 외상을 입었다면, 과연 그때 나의 감정과 선택, 판단들까지도 수용할 수 있을까? 쉽지 않을 것이다.

하지만 이러한 선택과 판단들이 모인 것이 지금의 내 모습이라고 생각한다면 결국 그것마저도 수용해야 한다. 그때 그 순간에 내가 할 수 있는 최선의 선택이었다는 것을 믿고 받아들여야 한다. 사람은 완벽하지 않다. 위험한 스포츠를 좋아하는 것도 나의 일부다. 그러니 그때 그 선택을 인정해야 한다. 익스트림스포츠를 한다고 해서 반드시 사고가 나는 것은 아니다. 따라서 사고의 원인이 오롯이 내가 내린 그 선택 때문이라고만은 볼 수 없다. 아무리 안전에 촉각을 곤두세우고 조심하며 사는 사람도 사고를 당한다. 인생에는 우리가 피할 수도, 바꿀 수도 없는 일이 종종 일어난다.

나는 종종 바다에서 배를 탄다. 그때마다 자연의 변화에 위대

함과 경외심을 느끼고, 점점 더 많은 것을 받아들이게 되는 경험을 한다. 바다의 날씨는 변화무쌍하다. 인간의 계획대로 움직여주지 않는다. 자연의 힘은 어마어마해서 어떤 인간도 거스를 수 없다. 태풍의 위력, 자연 지형의 힘…, 자연에서 이런 것들은 모두 '정상'이다. 이렇게 우리에게 닥친 모든 일이 '정상'이라는 점을 받아들여야 한다. 한 치 앞도 안 보이는 변화무쌍한 바다 한가운데에서도 인간은 자연을 탓하기보다는 묵묵히 바람을 읽고 돛을 조정하며 항해해나갈 뿐이다.

나의 행동, 내 모습에 대한 부정적인 생각은 순식간에, 또 자연스럽게 일어난다. 따라서 이러한 생각이 일어날 때 곧바로 그것을 알아차리고 부정적 편향에서 빠져나오는 것이 중요하다. 긍정적으로 생각하고 감사하는 마음의 근력을 키우면, 절망 속에서도 가치를 발견할 수 있다.

작은 성취의 반복이 마음의 근력을 기운다

그렇다면 어떻게 마음의 근력을 키울 수 있을까? 사람마다 다르겠지만 큰 수용을 위해서는, 큰 변화가 아니라 작은 행동과 감정을 저축하듯 쌓아나가는 것이 중요하다. 성공하는 사람은 아주 작은 일에서부터 성공을 경험하고, 그 기쁨을 몸소 느끼면서 점점 더 큰 성공을 원하게 된다. 그리고 더 노력한다. 마음의 근력을 키우는 일도 마찬가지다. 작은 행동과 감정으로 작은 일부터 수용하다 보면 점점 더 큰 일을 수용할 수 있다.

사춘기 청소년이 외모에 대해 깊이 고민한다면, 운동을 해보는 것도 추천할 만하다. 얼굴이라는 작은 부분에 대한 집착에서 벗어나 나의 몸 전체를 받아들이고 감사하는 마음을 갖게 된다. 안으로 침잠하던 에너지가 바깥으로 방향이 바뀌어 마음에 환기가 되는 이치다. 운동에 집중하면서 작은 성취를 해나가다 보면 그 기쁨을 음미하게 된다. 이때 주위의 축하와 격려가 중요하다. 그러면 더 열심히 노력하게 된다. 운동을 통해 성취감을 느끼고 몸을 즐기면, 결국 고민하던 얼굴의 문제가 그렇게 큰일이 아님을 깨닫고 자신의 얼굴을 편안하게 받아들이게 된다.

수용해야 할 것이 하나 더 있다. 현재의 나를 수용하고, 이런 결과를 만든 나의 감정과 행동까지도 수용해야 한다. 그런데 만약 나를 괴롭히는 사람이 있다면, 그 사람까지도 수용할 수 있을까? 나를 힘들게 하는 것이 개인이 아니라 집단, 사회, 심지어는 이 시대라면 어떻게 할 것인가? 예를 들어 학교에서의 따돌림이나 직장에서의 뒷담화 같은 것은 어떤가? 외모지상주의로 변해가는 현대사회는 어떤가? 과도한 디지털 사진 보정이 당연시되고, 개인 미디어들이 편향된 정보를 홍수처럼 쏟아내는 트렌드는 어떤가?

　이런 것 역시 마음에 들지 않겠지만, 어떤 변화에는 그럴 만한 이유가 있을 거라고 생각하는 편이 정신건강에 이롭다. 사회변혁에 심대한 포부를 갖고 '이 한 몸 바치겠다.'는 각오로 나설 것이 아니라면, 타인이나 사회, 시대의 변화는 내 마음대로 바꿀 수가 없다. 그렇다면 왜 그런 것들 때문에 괴로워하고 고통스러워하는가? 세상이 왜 이렇게 되었는지 그 맥락을 아는 것은 세상을 이해하는 데 도움이 되겠지만, 그것 때문에 지금의 내 감정을 스스로 할퀴며 괴로워하는 것은 어리석은 일이다.

연결: 사람은 연결되어야 덜 불행하다

요즘 이혼 예능 프로그램이 인기다. 깜짝 놀랄 만큼 극단적인 부부들의 일상이 공개되어 매주 큰 충격을 주는데, 이혼 예능 때문에 한국의 이혼율이 낮아졌다는 추측이 나올 정도다. 2025년 연초 〈월스트리트저널〉에 '한국의 이혼 예능 인기와 사회적 영향력'이라는 기사가 나온 적도 있는데, 실제로 2020년 이후 우리나라 이혼율은 5년 연속 감소 추세라고 한다.[5]

이혼 콘텐츠를 많이 소비하면 이혼이 더 늘어나는 것 아닐까 싶겠지만, 사람들은 이혼 예능 프로그램에 등장하는 최악의(?) 배우자들을 보면서(악마의 편집으로 흡인력을 더욱 높인다) '내 결혼생활이 저 정도는 아니라서 정말 다행이다.' 하고 생각한다고 한다. 남의 불행을 관찰하면서 자신의 불행을 상대적으로 축소시켜 안도하는 모습이랄까? 한국인에게 '상대적으로'가 이렇게 중요하다. 비교와 열등의식이 뿌리 깊은 사회일수록 '상대적으로'는 어디서나 타율 높은 치트키가 되고 만다.

인간은 인간과 함께 살아야만 살아진다

사람은 사람들과의 관계 속에서 성장하고 살아간다. 그렇다면 외모에 관한 문제에서 인간관계는 이익이 될까, 해가 될까? 주변 사람을 너무 의식한 나머지 매사에 남과 비교하고 남의 시선으로 판단하면서 스스로를 괴롭히는 사람도 분명히 존재한다. 그에게 인간관계는 고통의 원인 중 하나다. 그렇다고 해서 사람을 만나지 않고 살 수 있는가? 아주 특이한 세계관을 가진 경우가 아니라면, 보통 인간은 인간과 함께 살아야만 살아진다.

매사에 '상대적으로'가 너무 중요하다. 남의 시선을 지나치게 신경 쓰는 사람들에게 나는 "생각보다 사람들은 당신에게 그렇게 큰 관심이 없습니다."라고 이야기한다. 실제로 진료실에서 만난 많은 환자가 본인의 만족감이나 행복감보다는 타인의 시선이나 관점만 중요하게 여기곤 했다. "제 턱이 너무 각져 있다고 남들이 흉보면 어쩌죠?", "코가 너무 커서 사람들 앞에 나서기 창피해요.", "작은 눈이 답답해 보여서 면접에서 떨어진 것 같아요." 같은 고민을 털어놓기도 한다.

앞에서도 여러 번 강조했지만, 남들은 타인의 외모에 지대한 관심을 보이지 않는다. 당장 가까운 친구나 가족, 배우자의 눈이나 코가 어떻게 생겼는지 그려보라. 초상화가가 아니라면 기억도 잘 안 난다. 정말 잘 안다고 생각하는 사람의 얼굴도 구체적으로 떠올리기가 어려운데, 그저 알고 지내는 사람이나 스쳐가는 타인의 얼굴에 대해 그렇게까지 정성 들여 비난하고 흉볼 사람은 세상에 없다.

반대의 경우는 어떨까? 나는 내 외모가 너무 자랑스럽고 좋다. 나의 잘생기고 예쁜 부분을 혼자만 알고 있기가 아까울 정도다. 그렇다면 이 사실을 누구에게 자랑하겠는가? 부모님을 제외하고 내 외모 자랑을 즐겁게, 반갑게, 무조건 들어줄 사람은 별로 없다. 놀랍게도 내 외모 자랑을 기꺼이 들어주는 사람이 있다면, 나에게 다른 목적으로 접근한 아첨꾼이 아닌지 먼저 의심해볼 필요가 있다.

고민은 털어놓아야 가벼워진다

이처럼 외모가 좋든 나쁘든 남들은 별로 관심이 없다. 누군가와 비교해서 괜히 열등감을 느끼거나('쟤는 왜 저렇게 예뻐?') 안도하는 것('그래도 쟤보다는 내가 낫지?')은 아무 의미가 없다. 내 고민을 혼자 곱씹지 말고 주위 사람들과 나누는 것이 더 건강한 해소법이다. 인간관계로 상처받고 사람이 지긋지긋해서 연결을 차단하면 그 상처는 안으로 곪고 만다.

혼자 고민하다 보면 잘못된 판단을 내리기도 쉽다. 조용한 곳에서 깊이 고민하며 혼자 생각을 정리하는 시간도 가끔은 필요하겠지만, 그 단계를 거친 후에는 사람들과 소통하며 관계에서 위로받고 행복을 찾아야 한다. 사람과 사람의 관계는 인간의 원초적 욕구다. '사랑과 재채기는 숨길 수 없다.'는 영국 속담처럼, 외모에 대한 고민도 숨기기 어렵다. 가까운 사람들은 내 고민을 아무리 숨기려고 해도 대번에 눈치챈다.

그러니 고민이 있다면 가까운 사람들에게 털어놓고 조언을 구해야 한다. 나에게 고민이 있어 보여도 남들은 먼저 쉽게 다가오지 못한다. 연결은 한쪽의 노력만으로는 안 되는 일이기 때문이다. 세상과 연결되어 있지 않은 느낌, 소외당하고 있다는 느낌은 인간에게 생각보다 큰 고통을 준다. 특히 문제나 어려움이 있을 때 고립감은 지옥이다.

하지만 그렇다고 해서 아무에게나 털어놓을 수는 없을 것이다. 나의 고민이나 트라우마에는 내 인생 전체의 이야기가 배경처럼 담겨 있기 때문이다. 신뢰할 만한 사람이 주위에 없을 수도 있고, 약점을 드러내는 게 두려울 수도 있다. 아니면 과거에 거부당한 경험이 상처로 남아 상대방이 공감해주지 못할 거라는 걱정과 두려움이 있을 수도 있다. 주위 사람에게 고민을 털어놓아도 실질적으로 별 도움이 안 될 거라고 속단하기도 한다.

OECD에서 발표하는 '더 나은 삶 지수 better life index'라는 것이 있다. 주거, 교육, 안전, 소득, 고용, 환경, 건강, 시민 참여, 공동체 의식, 삶의 만족도, 일과 삶의 균형 등 11개 항목을 평가한다. 이 중에 '어려움이 생겼을 때 의지할 수 있는 친구나 친척이 있는가?'라는 질문에서 핀란드 사람들은 96.6%가 "그렇다."라고 대답한 반면(선진국 평균은 91%) 우리나라 사람들은 80%로 41개국 중에 38위였다. 즉, 10명 중 2명은 어려울 때 의지할 주변 사람이 단 1명도 없다는 의미이다.

현대인은 SNS를 기반으로 한 '연결 과잉'의 시대를 살아간다. 지구 반대편에 있는 낯선 나라 사람들과도 자유롭게 소통하는 시대다. 가깝게는 직장이나 동호회 등에서 수많은 사람과 관계를 맺는다. 그런데 이런 관계에서 공감을 얻기는 힘들다. 직장은 경쟁, SNS는 자랑이 핵심이기 때문이다. 경쟁이나 남의 자랑 듣기가 감당 못 할 수준에 이르면, 우리는 자연스럽게 '차이점'을 찾아 '그들'과 '나'를 구별 짓게 된다.

그렇게 되면 결국 연결의 양은 과잉이지만 그 안에서 우리는 고립된다. 정신만 사나워질 뿐 별 의미가 없다. 그렇다고 우리가 원하는 것이 남들의 열렬한 지지나 광적인 팬덤은 아니지 않은가? 그저 차분하게 경청해주고 부드러운 눈길로 다정하게 공감을 나누는 관계면 충분하다.

공감은 지능이다

누구나 거부당하는 것이 두렵다. 내 이야기에 상대방이 전혀 관심을 보이지 않는다거나, 이해할 수 없다는 반응이면 어떻게 할까? 상대방을 탓하기 전에 먼저 내가 그에게 공감해주었는지 돌아보는 것이 중요하다. 나와 비슷한 성향, 환경, 고민을 가진 사람이어야 내 이야기를 이해하기 쉽다. 그래서 내 이야기에 가장 공감해줄 만한 관계는 가족이다.

정확하게 말해 공감은 감정이 아니고 지능이다. 상대를 생각하는 마음 그 자체는 공감이 아니다. 상대의 감정과 상황을 이해하는 인지적 과정이 필요하다. 결국 뇌를 이용하는 것이다. 그 사람의 입장이 되어서 의식적인 노력을 통해 이유나 원인 등을 생각해내는 과정이다. 그것이야말로 진정한 공감이다. 혹시라도 상대방으로부터 충분한 공감을 받지 못한다면, 그 사람의 성향과 배경에 나와 유사한 점이 충분히 있는지, 그리고 내 이야기가 그에게도 공감할 만한 내용인지를 상대방의 입장에서 확인해볼 필요가 있다.

또한 우리에겐 약점을 드러내는 것을 두려워하는 마음이 있다. 좋은 사람들과 연결되어 있지만, 그들 때문에 내가 상처를 받을 수도 있다. 상대방은 비밀이 많은 사람일 수도 있고, 언제 변할지도 모르며, 나의 모자란 점을 비방하거나 역이용할 수도 있다. 나의 약점을 말하기 위해서는 친밀감이 필요하다. 친밀감은 어떻게 생길까? 서로에 대한 인지(앎), 신뢰, 헌신, 상호의존성, 보살핌 같은 조건에 의해 친밀감이 생겨난다고 한다. 그런 모든 조건을 충족하는 사람이 가족이나 배우자다.

외모에 대한 고민이나 트라우마를 해결하는 데 주변 사람이 정말로 도움이 될까? 과연 우리는 어떤 도움을 바라는 건가? 내 고민을 들어주는 친구나 가족에게는 실질적인 도움을 줄 만한 지식이 전혀 없을 수도 있다. 그럼에도 "비록 직접적으로 도와줄 수는 없지만, 힘이 되어줄 수는 있어!"라는 말은 해줄 수 있다. 그 말이 정답이다.

우리가 원하는 건, 내 고민을 그냥 들어주고 따듯하게 손잡아주는 것이다. 교정하려 들지 않고 그저 들어주며 공감해주는 것만으로도 우리는 가슴 깊숙이 위로를 받고 고립감과 상실감이 옅어진다. 이렇게 내 이야기를 잘 들어주는 사람이 1명만 있어도 다시 힘을 내어 앞으로 나아갈 수 있다.

사람과 연결이 부담스럽다면? 동물이나 식물, 안 되면 돌에게라도 이야기해보자. 요즘은 강아지나 고양이 같은 반려동물과 연결감을 느끼는 사람이 많다. 동물과도 충분히 교감할 수 있다. 반려동물이 주는 사랑과 위로를 통해 자신을 더 깊이 들여다보고 이해하게 될 것이다.

나와 고민을 분리해서 바라보는 것

또 하나 추천할 만한 방법이 바로 '마음챙김'이다. 나는 한동안 마음챙김 명상에 빠져 호흡 명상과 움직임 명상을 많이 했다. 처음에는 복잡한 문제를 해결하는 집중의 시간을 갖고 싶었다. 그런데 실제로 해보니, 마음챙김 명상은 오히려 모든 생각을 비워내면서 나 자신의 현존에 집중하는 행위였다.

인간이 살아 있는 한 결코 변치 않는 것이 딱 하나 있다. 바로 '숨을 쉰다.'는 사실이다. 호흡에 집중하다 보면 자꾸 딴생각들이 머릿속에 들어온다. 호흡에 집중하는 것이 생각처럼 잘되지 않는다. 하지만 처음에는 자꾸 다른 생각에 빠져들더라도, 계속하다 보면 어느새 생각이 들어왔다 빠져나가도록 놔둘 수 있게 된다. 그리고 그걸 알아차리고 느끼는 나를 본다. 그렇게 연습하다 보면 점점 더 호흡에 집중할 수 있다. 호흡에 집중하면 어느 순간 나 자신이 낯설지 않고 친근하게 느껴진다.

그런데 이것이 어떻게 외모에 대한 고민을 해결해줄까? 물론 호흡 명상 자체가 복잡한 문제를 해결해주는 것은 아니다. 명상을 하면 자신과의 연결이 강화되어 스스로에 대해 더 많이 알게 된다. 그러면 자신을 더욱 깊이 존중하게 된다. 이것이야말로 우리가 명상으로 얻을 수 있는 가장 중요한 베네핏이다. 게다가 호흡에 집중하면서 뇌를 쉬게 하면 자연스럽게 나 자신과 나의 고민이 분리된다. 그러면 대부분의 고민은 한결 단순해지고 가벼워지면서 선명하게 그 실체가 떠오른다. 앞서 복잡한 감정으로 힘들 때 고통과 괴로움을 분리해보라고 제안한 것처럼, 명상을 통해 나와 나의 고민을 분리해서 바라보는 것 역시 해결에 큰 도움을 준다.

명상이 어렵다면, 누구나 쉽게 할 수 있는 마지막 방법이 '무조건 말하기'다. 이게 대체 무슨 도움이 되겠나 싶겠지만, 말하지 않으면 아무도 모른다. "병은 자랑해야 낫는다."는 옛 속담도 있지 않은가? 세상의 모든 고민이 다 그렇다. 내 눈빛만 보고, 내 고민을 헤아려주고 공감해줄 사람은 없다. 쑥스럽다면 다른 친구 얘기인 것처럼 말해도 된다. 누군가 내 이야기임을 알아채줄 사람을 새로운 친구로 만날 수도 있다. 사람으로부터 상처받을까봐 걱정하기보다는 외로움과 고립감의 해악과 고통을 더 경계해야 한다. 악마는 혼자 있는 사람을 노린다. 혼자 고민하고 결정할 때 잘못된 길로 빠질 확률이 훨씬 더 높다.

행복에 관한 최장기 성인 발달 연구라고 할 수 있는 하버드대 '그랜트 연구'라는 것이 있다. 연구자들은 행복의 비밀을 찾기 위해 하버드대 졸업생 268명의 일생과 건강을 75년간 종단으로 추적했다. 그 연구의 결론, 즉 행복하고 건강하게 산 사람들의 비결은 바로 '인간관계'였다. 굳이 다시 말할 필요 없이, 연결은 인간의 생존을 돕고 행복한 삶에 꼭 필요한 요소다. 좋은 인간관계가 있어야만 우리는 건강하고 행복하게 살 수 있다. 당연히 그러한 관계는 정원을 가꾸듯이 시간과 정성과 노력을 들여야만 얻어진다.

강점 발견: 불안을
기쁨으로 바꾸는 매직 키워드

이제까지 여러분이 자신의 외모에 대해 어떻게 인식하고 느끼며, 생각하고 행동하는지 살펴보았다. 평소에 전혀 생각해보지 않았다면 새롭게 '투 두 리스트'를 적어보았을 수도 있고, 늘 외모에 대해 관심이 많았다면 '버킷 리스트'를 다시 점검해보았을 수도 있다. 그런데 가만히 살펴보면 '투 두 리스트'든 '버킷 리스트'든 사람들은 대개 단점이나 약점에 집중해서 뭔가를 고치거나 바꾸려는 계획을 세운다.

나는 매일 진료실에서 환자들의 외모 고민을 듣고 있다. 당연히 고민 혹은 문제라고 생각하는 부분을 개선하기 위해 찾는 곳이 성형외과이므로 단점에 대해 더 많은 이야기를 나눌 수밖에 없다. 그런데 수만 명이 넘는 환자들을 만나면서 내가 절실히 느낀 점은, 누구나 부러워하는 뛰어난 외모를 가진 사람도 자신의 약점에서는 결코 자유롭지 못하다는 것이다.

외모의 약점에만 집중한다면 세상 누구도 외모로 행복할 수가 없다. 특히 페이스 코드 분류 기준 중 N이 높은 분들에게 나는 약점에 너무 집착하기보다 P를 높이는 강점을 찾고, 개발하고, 돋보이게 하라고 조언한다. 사실 외모뿐 아니라 무슨 일을 하든 강점에 집중하는 사람이 성과도 좋고 행복하다. 못하는 것을 잘하도록 하는 것보다 잘하는 것을 더 잘하게 만드는 게 더 즐겁기 때문이다.

누구나 자기 나름의 외모 강점이 있다. 당연히 그 강점은 다른 사람과의 비교로 결정되는 것이 아니다. "내가 쟤보다 키가 크니까 이것이 나의 강점이다."라는 것은 의미가 없다. 평소 자신이 좋아하는 얼굴의 부위나 특징 같은 것을 떠올려보라. 예를 들면 "나는 눈썹이 참 건강해 보이고 멋있어.", "나는 코가 반듯하고 귀가 잘생겼어." 하고 말해보라. 외모는 노력으로 바꿀 수 있는 부분이 별로 없다. 조금 변할 수 있다지만 한계가 있다. 강점에 집중하라는 말은, 없는 걸 만들어내라는 것이 아니라 이미 가진 것의 의미를 발견하고 부각해 자기화하라는 뜻이다.

수용과 연결, 외모로 행복해지기

나의 외모 강점을 정의하는 키워드는?

어느 날 일을 하다가 좀 힘들어서 생각해보니 감기가 든 것 같다. 그때부터 왠지 목이 아파온다. 이렇듯 감각이 인식을 따라가지 못하는 경우가 있다. 외모의 강점을 찾고 인지하는 것 역시 그렇다. 먼저 자신의 얼굴과 몸을 정확히 관찰하는 과정이 필요하다. 머리끝부터 발끝까지 찬찬히 거울을 통해 들여다보자. 그러고 나서 눈을 감고 다시 한 곳 한 곳 처음과 같은 순서대로 떠올려본다.

그리고 나의 외모에 대해 한마디로 정의해보자. 가장 중요한 장점 순으로 내가 느끼는 좋은 점을 표현해보는 것이 좋다. "아기 같은 피부와 부드러운 인상의 아담한 눈", "또렷한 인상을 주는 눈매와 편안한 목소리", "반듯한 어깨와 곧게 뻗은 다리" 이런 식이다. 여기서 외모의 강점이란 단순히 눈이 크다, 코가 높다, 키가 크다, 피부가 희다 같은 개념이 아니다. 왜냐하면 동양인의 피부가 아무리 희다 해도 북유럽 금발 백인보다 희지는 않기 때문이다.

따라서 외모 강점에 대한 묘사는 내가 장점이라 인식하는 요소로 구성되어야 한다. 단순히 '코가 높다'가 아니라, '코가 높아서 자존감이 높아 보이고 당찬 이미지를 주기 때문에' 나의 장점은 높은 코가 되는 것이다. 이 경우 '자신감 있고 당찬 이미지를 주는 높은 코'라고 표현할 수 있다.

알다시피 이러한 외모의 강점은 시간적, 공간적, 인종적, 사회적 배경을 갖는다. 아주 쉽게 추론할 수 있듯이 이는 지극히 주관적이다. 사실 한국은 미의 기준은 비교적 단순한 편이다(그래서 외국인들이 한국 미인들은 모두 비슷해 보인다고 말한다). 반면 여러 인종이 모여 사는 미국 같은 경우, 미인의 기준이 좀 더 복잡하고 다원적이다.

한번은 병원 일로 미국에서 광고 모델을 선택해야 할 일이 있었다. 너무나 다른 얼굴형과 미적 기준 때문에 나로서는 도무지 누가 적당한지 선택할 수가 없었다. 흑인과 백인, 황인은 각기 얼굴형이 매우 다르고 장단점도 다르다. 앞서 말한 '자신감 있고 당찬 이미지를 주는 높은 코'를 예로 들면, 인종이나 지역에 따라 '높은 코'에 대해 호불호가 다르고 느끼는 바도 다르다. 외모의 강점을 구체적으로 개발하고 부각하는 데는 이러한 사회적 인식도 영향을 미친다.

부정적 생각을 날려줄 나의 추앙자 만들기

유니레버 사의 뷰티 브랜드 '도브'에서(아마 도브 비누가 제일 먼저 떠오를 것이다) 2013년에 재미있는 실험을 했다. '리얼 뷰티 스케치'라는 광고 캠페인이었는데, 감동과 공감으로 브랜드 가치까지 격상시킨 매우 성공적인 바이럴 마케팅 사례로 지금까지도 자주 언급되곤 한다.

실험에 참여한 여성들이 몽타주 전문가에게 자신의 얼굴을 말로 설명하고 그대로 그림을 그리게 했다. 그리고 몽타주 전문가는 그 여성들을 본 다른 실험 참가자들로부터 이야기를 듣고 또 하나의 그림을 그렸다. 2장의 그림을 비교한 결과는 어땠을까? 본인이 묘사한 대로 그린 초상화가 제3자가 묘사한 대로 그린 것보다 훨씬 못난 얼굴이었다. 참가자들은 2장의 그림을 비교해보며 무척 놀랐고, 어떤 이들은 눈물까지 흘렸다. 그들은 모두 제3자가 묘사한 자신의 초상화를 보며 "이쪽이 훨씬 밝아 보여요. 이게 진짜 나 같아요."라고 했다.

그 이후에도 몇 가지 다른 실험이 진행되었다. 물론 광고 캠페인이다 보니 사실 여부가 의심스러울 수도 있고, 그들이 의도한 브랜드 이미지를 만드는 실험일 뿐이라고 생각할 수도 있다. 어쨌거나 이 캠페인은 외모 인식에 대한 신선한 관점을 보여주었다. 어쩌면 우리는 우리가 생각하는 모습보다 훨씬 더 아름다울 지도 모른다.

외모에 대한 자신만의 주관적인 기준은 물론 중요하다. 하지만 그 기준이 잘못되어 자신을 망치기도 한다. 가령 의학적으로나 심미적으로나 전혀 뚱뚱하지 않은 사람이 자신이 매우 뚱뚱하다고 생각해서 거식증에 걸린다. 주위 사람들이 아무리 괜찮다고 말해도 객관적인 사실조차 받아들이길 거부한다. 왜 이런 일이 일어날까? 어떤 이들이 추구하는 미의 이상은 비현실적으로 왜곡되었다. 그가 속한 집단이 잘못된 걸까? 물론 바디 이미지는 사회적·문화적 배경의 영향도 크게 받는다.

내가 생각하는 내 얼굴과 몸에 대한 이미지가 어떤 연유로 어떻게 만들어졌는지 생각해보자. 나도 모르게 약점과 열등감에 집착하고 있는 것은 아닌가? 자존감은 어디로 갔는가? 내 장점을 찾아 이름 붙여보고, 내가 가진 부정적인 인식을 되돌아봄으로써 우리는 아름다움에 대한 인식을 재정의할 수 있다.

한 가지 더 주의할 것이 있다. 만약 주변에 여러분에게 끊임없이 부정적인 인식을 전염시키는 사람이 있다면 얼른 도망치기 바란다. 매사에 단점만 지적하거나 불길한 소식만 전하는 사람, 온갖 부정적인 소문을 옮기고, 신세 한탄, 남 탓, 자기 비하가 입에 붙은 사람들이 종종 있다. 가족, 친구, 회사 동료, 이웃들에게서 그런 어두운 기운을 감지했다면 빨리 그들로부터 멀어져야 한다. 그들은 친한 척하면서, 나를 위해주는 척하면서 해를 끼치는 사람일 확률이 높다. 각자 지혜로운 방법으로 그런 '에너지 뱀파이어'들을 차단하고, 소중한 나의 시간과 에너지를 아껴야 한다.

예전에 어느 드라마에서 "나를 추앙해요."라는 강렬한 대사가 나와 유행했다. 우리에게 필요한 것은 바로 그 '나를 추앙해줄 사람'이다. 나의 장점을 가장 잘 아는 사람, 그것을 자주 표현해주는 사람을 곁에 두어야 한다. 너무 이성적으로 따지려 들지 않고 무조건 내 편을 들어주는 사람, 나를 보살펴주고 흐뭇하게 바라봐주는 사람, 그래서 내가 늘 폭 안기고 싶은 사람들 말이다. 언제나 "자기가 최고야."라고 말해주는 배우자, "우리 딸(아들)이 세상에서 제일 멋있어." 하는 부모님, 볼 때마다 "왜 이렇게 말랐냐?" 하고 걱정해주시는 할머니, 할아버지 같은 분들이 필요하다. 그런 커다란 사랑과 전폭적인 지지는 세파에 시달려 긍정적인 마음이 사그라질 때마다 불꽃을 되살려주는 귀중한 연료가 된다.

대처: 불안을 이기는 야생의 대처

이 책의 핵심은 불안, 불만, 걱정을 즐거움, 기쁨, 만족감으로 바꾸자는 것이다. 내 외모에 대해 나만의 즐거움, 평온함, 만족감이 충분하다면 외모로 행복해질 가능성이 한층 더 높아진다. 페이스 코드의 N을 P로 바꾸려면 무엇부터 해야 할까? 앞서 소개한 '강점 찾기'도 중요하지만, 다른 한편으로는 N을 높이는 대표적인 정서인 불안과 걱정의 원인을 찾아야 할 것이다.

불안은 왜 사라지지 않는가? 유감스럽지만 인간에게 '불안'은 숨 쉬는 것처럼 자연스럽다. 불안과 걱정이 없었더라면 인류가 생존할 수 없었기 때문이다. 진화심리학자들은 "불안이야말로 인간 생존과 번식의 필수요소"라고 강조한다. 인간은 불안감을 느끼고 위험한 동물들로부터 몸을 피했고, 다가올 겨울에 두려움을 느끼고 동굴과 식량을 준비했다. 불안과 걱정에서 비롯되는 동기부여는 인류의 기술 발전까지 이끌었다. "걱정을 해서 걱정이 없어지면 걱정이 없겠네." 같은 언어유희 격언도 있지만, 사실 불안과 걱정은 생의 마지막 순간까지 우리와 함께할 것이다.

정답이 없는 문제는 '좋은 대처'가 답이다

그렇다면 외모에 대한 불안과 걱정은 어떻게 하면 좋을까? 나는 해결보다 대처에 집중하라고 조언한다. 가까운 과거만 돌이켜 보아도, 예측 불가능한 일들이 얼마나 많이 벌어졌는가? 코로나19 팬데믹은 누가 예측할 수 있었을까? 그럼에도 불구하고 인류는 그런 문제들을 잘 대처해 극복했다. 문제 자체를 해결했다기보다는 대처를 잘한 덕분에 무사히 지나갔다는 의미다. 그러니 문제를 예측해 미리 해결하려고 노력하기보다 미래의 내가 잘 대처할 능력을 지금부터 키우는 것이 중요하다. 그러기 위해서 해야 할 일은, 전문적인 지식을 바탕으로 삶의 기본적인 문제들에 대처하는 실천 방식을 하나씩 만들어나가는 것이다.

여러분은 이미 삶의 다양한 문제에 성공적으로 대처해본 경험이 있다. 예를 들면, 진로나 전공을 선택하는 일처럼 어려운 결정을 내려본 경험이 있을 것이다. 정답이 없는 문제였음에도 불구하고, 여러 가지 측면을 고려하여 행복한 선택을 했기 때문에 성공적인 결정이었을 것이다. 외모에 대한 문제도 이와 마찬가지로 정답은 없다. 각자의 방식대로 접근하면 된다. 다만 쉬운 방법도 있고, 더 어려운 방법도 있을 뿐이다. 도움이 될 만한 다음의 6단계 가이드를 참고해보기 바란다.

1단계 최소한의 지식 확보하기

요즘은 외모에 대한 정보와 지식에 쉽게 접근할 수 있다. 다만 옥석을 가려내는 눈이 필요하다.

2단계 상황 파악하기

각자 처한 상황이 다 다르다. 그리고 같은 사람도 고등학생 시절의 외모 고민과 중년의 외모 고민이 다르다. 당면한 목표나 삶의 단계에 따라 자신을 찾아가는 과정은 다르게 나타날 것이다.

3단계 아름다움의 다양성 받아들이기

아름다움의 기준은 주관적이고 다양하다. 외국인들과 함께 있을 때 한국인의 기준이 적용되는가? 10년 전 미인과 현재의 미인은 스타일이 완전히 다르다. 나에게 중요한 기준은 무엇인가?

4단계 쓸데없는 걱정 줄이기

미래에 일어날 일은 예측할 수 없으며, 현재의 내가 통제할 수 없는 것에 대한 걱정은 시간 낭비일 뿐이다.

5단계 어려움은 일시적인 것임을 알기

모든 어려움은 언젠가 지나간다. 지금의 어려움은 일시적인 고민일 뿐, 시간이 지나면 달라질 수 있다.

6단계 질투심과 시기심을 다시 생각해보기

다른 사람을 부러워하는 내 마음을 깊이 들여다보고 내가 진짜 원하는 것이 무엇인지 생각해보자. 내가 부러워하는 그 사람을 비롯해 세상 모든 사람에게는 단점도 있고 어려움도 있다.

창의적 대처를 넘어 야생의 대처로

실제로 불확실한 문제에 부딪혔을 때 어떻게 대처해야 할까? 문제 자체가 불확실한데 확실한 정답을 기대할 수는 없다. 외모에 관한 여러 가지 불확실한 문제에 대해 6단계 가이드로 마음의 준비를 했다 하더라도, 일단 문제가 발생하면 바로바로 대처해야 한다. 어떤 사람은 성공적으로 대처하고, 어떤 사람은 제때 제대로 대처하지 못해서 기회를 놓친다. 심각한 경우 외상후스트레스장애PTSD 등 마음에 병이 나기도 한다.

내가 생각하는 완벽하고 확실한 대처는 '야생의 대처'다. 불확실성이 커지면 매뉴얼대로 대처하기가 불가능하다. 4지 선다 객관식 문제처럼 하나를 고를 수도 없다. 외모에 대한 문제도 그렇다. 매뉴얼처럼 정확하게 준비된 계획도 세상에 없고, 조금의 실수도 없는 완벽한 대처란 불가능하다. 창의적인 대처가 필요하다.

가끔 진료실에서 환자들은 내 외모에 대해 공격적으로(?) 질문한다. "원장님은 왜 OOO 수술 안 하십니까?"(안과 의사에게 "왜 선생님은 라식 수술 안 하세요?" 하고 묻는 것과 비슷하다.) 또 10대 환자의 보호자들은 종종 "원장님 자녀에게도 이런 수술을 시키실 겁니까?" 하고 묻는다. 처음에는 그런 질문을 받았을 때 생각해본 적이 없어서 적잖이 당황했다.

상담이 끝나고 '이렇게 저렇게 대답해주었으면 더 좋았을 걸…' 하고 몇몇 예상 시나리오를 만들어보기도 했다. 하지만 결국 상황에 따라 적절하게 답하는 수밖에 없다는 결론에 이르렀다. 정답이 없는 문제이기 때문이다. 상담의 목적에서 살짝 벗어난 질문이므로 80점 정도로만 잘 대답하면 된다. '왜 100점짜리 완벽한 대답을 왜 못했을까?' 하고 자책하거나 후회할 필요가 없는 일이다.

만약 여러분이 바다를 항해하는 중에 조난당했다고 치자. 모르는 섬에 상륙해서 물고기를 잡아서 구워 먹어야 하는 상황이다. 캠핑 온 것처럼 바닥을 깨끗하게 정리하고 나무를 가지런하게 쌓은 후 고기를 골고루 익혀서 먹는다는 것은 불가능하다. 바닷가에 있는 돌을 엉성하게 쌓은 후 주위의 젖은 나뭇잎을 모아서 어렵게 불을 피우고, 제대로 구워지지도 않은 물고기를 씹어 넘겨야 할 것이다. 처음엔 속이 더부룩하겠지만 운이 좋으면 곧 나아진다. 이렇게 주위에 있는 것을 상황에 맞게 조합하여 요긴하게 쓰는 것이 '창의적 대처'를 넘어서는 '야생의 대처'다.

모든 것이 완벽하고 확실한 상태에서 자신뿐 아니라 다른 사람들에게까지도 확실함만을 기대한다면, 오히려 여러분 자신만 끊임없이 상처받을 것이다. 야생의 대처에 익숙해지면 자신감이 생기고 세상을 보는 눈도 넓고 깊어진다. 외모에 대한 문제도 이렇게 대처할 수 있다. 앞서 소개한 6단계 가이드에 따라 현재의 복잡한 감정을 단순하게 정리한 후, 내가 가진 자원(시간, 돈, 체력, 나의 의지, 가족의 지지 등)을 활용해 어떤 식으로 야생의 대처를 할 것인지 생각해보자. 궁극의 P는 그러한 야생의 대처로 획득한 자존감 상승과 성취감 고취가 만든다.

변화: 최대의
만족을 얻는 법

'변화'는 어렵다. 만들기도 어렵지만 받아들이기도 어렵다. 사전적으로 '변화'는 사물의 성질, 모양, 상태 따위가 바뀌어 달라짐을 뜻한다. 수많은 철학자가 이 한 단어에 일생을 바치기도 했다. 아무튼 우리 몸의 세포는 시시각각 '변화'한다. 노화는 성장의 연장이고 모든 생명체에게 자연스러운 변화다. 몸뿐 아니라 마음도 변한다. 세상에 변하지 않는 것은 없다. 그런데 변화는 불편하다. 받아들이기가 힘들다. 왜 그럴까?

지금 나에게 변화가 필요한지 아닌지를 판단하는 기준은 사람마다 다르다. 기본적으로는 뇌가 과거의 경험을 기준으로 나만의 예측 시스템을 가동해 행동을 결정한다. 그러나 사람마다 기억이 다르고, 개념도 다르고, 예측도 다르기 때문에 행동도 다르다.

두 사람이 횡단보도 앞에 있다. 마침 초록 불이 빨간 불로 바뀌기 직전에 경고음이 울렸다. 그것을 듣고 한 사람은 뛰었고 다른 사람은 무시하고 걸었다. 두 사람은 과거의 경험이 달라서 행동도 달랐던 것이다. 후자는 과거에도 똑같은 상황에서 횡단보도를 걸어서 건넜을 것이다. 아니면 현재의 신체 상황이 어딘가가 불편해서 뛰지 못한 것일 수도 있다. 게다가 지금 건너지 않으면 약속 시간에 늦기 때문에 다음 신호까지 기다리지 못하는 상황인지도 모른다. 이런저런 상황을 고려해 최종적으로 뛸 것인지, 걸을 것인지를 결정했다.

긍정적인 경험이든, 굴욕적인 경험이든 외모에 대해서도 과거에 어떤 경험을 했느냐가 지금의 행동에 큰 영향을 미친다. 그래서 "저스트 두 잇Just Do It" 같은 구호가 언제나 정답은 아니다. 변화했을 때 항상 나아진다고 장담할 수도 없다. 그러나 나아지고자 한다면 어떤 식으로든 변화를 시도해야 한다. 혁신이나 혁명이 아니다. 매일 조금씩만 더 나아지는, 작고 지속적인 변화가 중요하다. 패션의 변화, 걸음걸이의 변화, 습관의 변화 같은 것 말이다. 예를 들어 체중을 3kg 줄이겠다는 결심을 했다면 매일 저녁에 산책하기, 튀긴 음식 먹지 않기 같은 구체적인 지침을 실천할 것이다.

그런데 이러한 변화는 다른 사람과의 비교로 시작된 변화가 아니라 자신에 중심을 둔 변화여야 한다. 일본을 대표하는 전설의 사무라이 미야모토 무사시는 마침내 천하제일 검객이 된 뒤에 이렇게 중얼거렸다고 한다. "기대했던 것보다 기쁘지 않다." 진정으로 원하는 것이 아니라면 최고가 되어도 행복하지 않을 수 있다.

노력한다고 다 되는 것은 아니지만

베스트셀러 작가 말콤 글래드웰이 《아웃라이어》에서 소개해서 전 세계적으로 큰 화제가 된 '1만 시간의 법칙'을 기억할 것이다. '하면 된다'를 무척 사랑하는 한국인들이 특히 환호했다. 이 '1만 시간의 법칙'은 세계적인 심리학자 안데르스 에릭슨 박사의 연구인데 '노력만 하면 최고가 될 수 있다.'는 식으로 잘못 해석된 부분도 많다.

사실 그의 연구에 따르면, 전체 성과에서 노력이 차지하는 비중은 30% 미만이며, 게임의 경우 26%, 음악과 스포츠는 각각 21%와 18%라고 한다.[6] 이는 노력의 한계가 크다는 실망스러운 결과다. 예를 들어 축구를 좋아하지만 재능이 없는 경우, 어떻게 해야 할까? 진로를 결정하기 전에 신중하게 고민해야 한다. 참고로 안데르스 에릭슨 박사는 1만 시간이라는 양도 중요하지만, 노력의 질과 방법에 따라 성패가 결정된다고 강조했다. 노력만 한다고 다 되는 것은 아니라는, 어쩌면 누구나 알고 있는 평범한 진리다.

노력을 더 할지 말지, 한다면 어떻게 할지 궁금할 때는 다음을 기준으로 생각해보기 바란다. 첫째로 나만의 숨은 강점이 있는가? 그러한 강점이 있다면 한번 도전해볼 만하다. 둘째는 재능의 부족을 어떻게 극복할 것인가? 단순히 오래 하는 것 이상의 전략적이고 신중한 연습이 필요하다.

외모에 대해서도 마찬가지다. 변화가 필요한지 아닌지를 판단할 때 신중해야 한다. 앞에서 소개한 것처럼 나만의 강점을 찾고 개발하는 노력이 선행되어야 하고, 그다음 스텝을 어떻게 할지도 신중히 생각해봐야 한다. 예를 들어 현재 나는 통통하고 귀여운 이미지인데 그보다는 지적이고 서구적인 이미지가 되기를 원한다. 그래서 살을 빼고 패션이나 헤어스타일을 바꿔보고 싶다. 이때 여러분이 외모에 대해 얼마나 성숙하고 조화로운 판단을 내릴 수 있는지도 면밀히 살펴야 한다. 페이스 코드의 유형과 FQ 점수를 참고하는 것도 한 방법이다. 그리고 마지막으로 행동에 돌입하기 전에 나의 기질, 경험, 생각, 감정, 성향 등을 세심하게 파악해야 한다.

변화의 목표는 '최대의 만족'

생각만으로는 변화를 만들 수 없다. 구체적인 변화를 위해서는 행동이 필요하다. 그렇다면 무엇이 행동을 만드는가? 행동하기 위해서는 생각뿐만 아니라 강한 감정의 자극도 필요하다. 앞에 설명한 생각, 감정에 따른 행동 패턴을 나타내는 그림4(64쪽)를 단순화한 것이 다음 쪽의 그림7이다. 가로축은 회피-행동 범주를, 세로축은 감정-생각 범주를 나타낸다.

사분면의 왼쪽인 2영역과 3영역은, 생각이나 감정이 강한데도 반응을 나타내지 않는 사람들이다. 견디는 데 익숙하거나, 행동이 익숙하지 않은 사람들이다. 생각과 감정을 묵묵히 잘 받아들이는 '초월형'일 수도 있다. 이런 경우라면 최소한의 행동을 지향하기 때문에 근본적인 행동 패턴의 변화는 기대하기 어렵다.

오른쪽인 1영역과 4영역의 경우, 반응을 하는 사람들이다. 1영역의 경우 감각적으로 느끼고 행동으로 움직이는 타입이다. 감각 역시 중요한 행동의 동기이자 기준이다. 기쁘고 즐겁다면

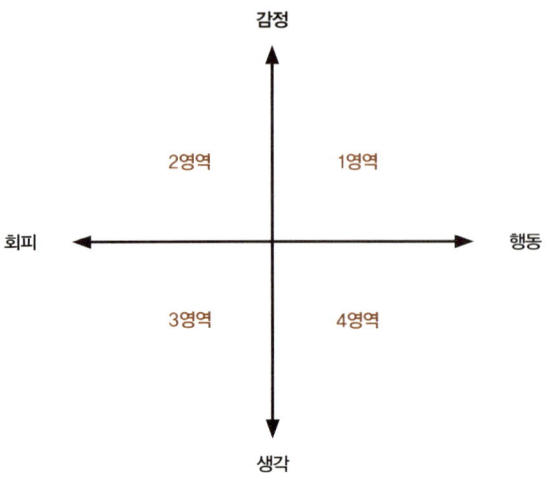

그림7. 감정과 생각에 따른 행동과 회피의 범주

계속 그것을 한다. 4영역은 생각을 하고 행동으로 옮기는 유형
이다. 신중하게 생각하고 조화롭게 행동한다면 좋은 결과를 얻
을 수 있다.

　사람의 행동이나 습관은 관성이 있다. 인생을 뒤흔드는 엄청
난 경험을 하면 그제야 행동 패턴이 바뀐다. 그러지 않고는 웬만
해서 쉽게 바뀌지 않는다. 하지만 속도나 정도는 차츰 달라질 수
있다. 과격하게 회피했던 사람이 점차 수용하는 경향이 생긴다
든지, 숙고 없이 다급하게 행동하던 사람이 신중해지는 등이다.
내가 어떤 부류에 속하는지 알고 변화를 만들기 위해 노력한다면, 나에게 맞는 숙고, 의사결정, 실행을 통해 좋은 결과를 얻을 수 있다.

한편, 행동하느냐 회피하느냐에 따라 나의 감정이나 생각이 변할 수도 있다. 2영역과 3영역처럼 변화하지 않는 것이 생각과 감정 차원에서 모두 편하고 좋다면, 지금 상태를 그대로 즐기면 된다. 반면 1영역과 4영역처럼, 변화를 시도했을 때 즐겁고 신난다면 크든 작든 변신을 시도해보고 그것 자체를 즐길 수 있다. 생각이나 감정이 긍정적인 방향으로 나아간다면, 거기에 맞는 행동을 할 때 결과에 대한 만족도도 높아진다. 대대적인 변화가 아니어도 괜찮다. 길고 날씬한 다리가 나의 장점이라면 이걸 돋보이게 할 수 있는 디자인의 옷에 도전해본다. 왠지 발걸음이 가벼워진 자신을 발견할 것이다. 사람이 자신의 강점을 더 많이 드러내고 이야기하다 보면 스스로에게 확신하게 되고 자신감도 올라간다.

적극형이냐, 방어형이냐

자, 이제 행동하기를 결심했다. 외모 행동의 대표적인 예인 성형수술에 대해 생각해보자. 크게 적극형과 방어형으로 나눌 수 있다. 한 어머니가 어린 딸의 성형수술을 결심했다. 어머니 본인이 눈이 작은 것이 평생 콤플렉스였는데, 자신을 똑 닮은 딸이 같은 고민을 해서 걱정되었다. 아직 성장기인 점을 고려해 최소한의 수술만 하기로 했다. 이런 경우 이 어머니의 결정이 행동으로 이어지고 딸에게 변화를 일으켰다고 해도, 아이의 이후 삶의 패턴에 큰 변화가 없다면 어머니는 '적극형'이라기보다는 '방어형'으로 볼 수 있다.

반면 딸을 미스코리아로 만들려는 열성적인 어머니가 있다고 치자. 그러한 목적이라면 이 어머니는 딸이 다 성장하기 전에 최선을 다해 관리하고 광범위한 수술을 결정할 수도 있다. 이런 경우는 '적극형'이다. 여러분은 어떤가? 삶의 패턴이나 경로까지 바뀔 수 있는 궁극적인 외모의 변화를 바라는가, 현실의 문제를 해결하기 위한 최소한의 변화면 충분한가?

똑같이 성형수술을 결정해도 성향과 상황에 따라 적극형이냐 방어형이냐가 달라진다. 물론 기질, 생각, 감정 등도 영향을 미친다. 왜냐하면 변화의 목표는 최대의 변화가 아니라 최대의 만족이기 때문이다.

즐기기: 나의 얼굴을 만끽하기

사람이 살아가는 데 정신이 더 중요할까, 몸이 더 중요할까? 정신이 몸을 이끌까, 몸이 정신을 이끌까? 흔히 정신이 중요하다는 이야기를 자주 듣는다. 삶을 이끄는 주요 동력은 정신에서 나오니 정신세계를 지배하는 것이 곧 삶을 지배하는 것이라고들 말한다. 그렇다면 몸은 정신보다 덜 중요한가? 몸은 단지 정신과 마음을 담는 껍데기일 뿐인가? 정신이 올바르고 선한 사람도 몸이 아프면 성격이 변하거나 가치관이 달라진다. 외모로 고민에 빠졌을 때도 외면의 문제가 내면을 지배한다.

내가 생각하는 진정한 아름다움은 외면과 내면의 조화이다. 흔히 참되고, 선하고, 아름다운 것을 '진선미'라고 한다. 칸트 이전의 서양 철학자들은 이 셋을 거의 구분하지 않았지만, 칸트는 진리, 도덕, 미를 구별해 '진선미 이론'을 만들었다. 진(진리)은 이성과 지성, 선(도덕)은 인간의 선한 의지, 미(예술)는 인간의 욕구와 욕망인데, 칸트는 '진선미'가 인간이 태어날 때부터 부여받은 본성이라고 했다. 그러니 '진선미'를 갖추려는 노력이야말로 인간의 본성에 가까워지는 자연스러운 일이 아닐까?

몸과 마음은 하나라고?

컴퓨터 기술과 영상인식 기술의 발달로 일상생활 속에서도 안면인식 기술이 다양하게 활용되고 있다. 핸드폰 페이스 ID부터 출입문 개폐, 출퇴근 기록, 금융거래, 범죄 용의자 추적까지 다방면에 꼭 필요한 기술이 되었고, 앞으로 훨씬 더 발전할 것이다.

그런데 최근의 연구는 한 단계 더 나아가, 얼굴을 인식해서 그의 감정 변화까지 분석할 수 있다고 한다. 얼굴의 특정 인식 점을 감지하거나 실제 형태 변화를 인식해 감정을 분석하고, 그것을 뇌파와 연결해 검증까지 하는 기술이 개발되고 있다. 정신의 영역인 '감정'과 근육의 움직임인 '표정'이 하나라는 이야기다.

그렇다면 반대로 얼굴이 변하면 감정도 변할까? 흔히 "행복해서 웃는 게 아니라 웃어서 행복하다."는 말처럼, 근육을 움직여 웃게 만들면 실제로 정신이 행복해진다는 연구도 많다. 외형의 변화가 내면의 변화를 유도할 수 있다는 의미다. 그렇다면 메이크업이나 성형수술 등으로 외모를 바꾸면 감정이나 행동에 변화가 생길까? 물론 그렇다. 단순한 기분전환 수준이 아니다. 가슴 수술을 한 환자 중에 상당수가 자세가 바뀌고 표정이 밝아졌다는 연구 결과가 있다.

물론 세상에 100%는 없다. 참고로, 노르웨이 여성 130명을 대상으로 성형수술 전후 5년을 추적한 연구가 있다. 논문에 따르면 실험 참가자들의 외모 만족도와 수술 부위 만족도는 장기적으로 유의하게 향상되었고, 자존감도 소폭 올라갔다. 그런데 수술 전에 심리적으로 문제가 있었거나 자존감이 낮았던 환자들은 상대적으로 부정적 변화의 가능성이 높았다고 한다. 즉, 심리적으로 취약한 환자에 대해선 수술 전에 선별할 필요가 있다는 뜻이다.[7]

관상가들은 "얼굴은 그 사람의 정신을 비추는 거울"이라고 말하지만, 외모와 정신은 정말 어떤 연관관계가 있을까? 평소에 사람들은 외모와 성격을 자주 연결 지어 말한다. "똑똑하게 생겼네.", "성격이 강해 보여.", "말이 많게 생겼다." 등이다(뒷담화할 때는 조금 더 나쁜 쪽으로 이야기하곤 한다). 똑똑하게 생긴 사람은 정말 지능이 높을까? 높은 지능은 얼굴의 어느 부분에 어떻게 드러날까? 도대체 어떻게 생겨야 강한 성격인가? 얼굴의 어디가 어떻게 강한 성격을 보여주는가? 말이 많아 보인다면 무엇을 보고 그렇게 판단했을까? 실제로 대화를 나눠보고 내린 결론이 아니라면, 수다스러울 것 같은(?) 성격이 얼굴 어디에 어떻게 반영되어 있을까? 그렇다면 외모를 바꾸어 말수가 적을 것 같은(?) 인상도 될 수 있을까?

사실 이런 말들은 남들이 아무 생각 없이 무심코 던지는 말이다. 남의 외모를 가지고 성격을 예단하는 데는 약간의 악의와 편견이 섞였을 가능성도 높다. 하지만 우리도 종종 외모로 선입관을 갖기도 하니 인식의 문제를 그냥 무시할 수는 없다.

예를 들어 '말이 많아 보이는' 인상이 싫다면, 발랄하고 외향적인 현재의 이미지를 옷이나 메이크업, 액세서리 등을 통해 내향적이고 차분한 쪽으로 바꿔보면 어떨까? 물론 사람이 변하는 것은 아니므로 정말로 말수가 줄어들지는 않겠지만, 처음 보는 사람들에게 안정감 있고 진중한 이미지를 줄 수는 있다. 사회적 인식을 인정하고 그것에 대한 야생의 대처를 하는 것이다. 외모에 대한 인식은 자신의 인식이든 타인의 인식이든 언제든지 바뀔 수 있다. 영원불변이 아니다. 중요한 것은 단점을 가리는 데 너무 급급하기보다는 강점을 찾아내고 즐겨야 내 마음이 더 밝아진다는 사실이다.

정신, 행동과의 관계를 떠나서 몸과 얼굴은 중요하다. 앞서 말한 '진선미'가 인간의 본성이듯, 높은 지적 능력과 현명함, 판단력, 선한 의지만큼이나 그렇게 보일 수 있는 외적 아름다움도 중요하다. 진과 선을 개발하기 위해 부단히 노력하는 것과 마찬가지로 미에 대한 노력도 폄하되거나 터부시할 일은 아니다. 외모지상주의 같은 거대한 사회적 담론은 뒤로하고, 당장 오늘의 내 얼굴을 소중히 여기고 변화를 즐겁게 받아들이는 편안한 마음을 갖는 게 더 중요하다.

인생은 짧고 우리는 모두 죽는다

마지막으로 딱 4가지만 당부하겠다. 첫째는 정말 중요한 것 하나에만 집중하라는 것이다. 인생의 우선순위를 잘 고민해보기 바란다. 중요한 것에만 집중하고 중요하지 않은 것에는 "꺼져!"라고 말할 수 있어야 한다. 그래야 진짜 중요한 것에 집중할 수 있다. 그래도 얼굴이 중요하다면, 내 얼굴에서 진짜로 원하는 것 1가지가 무엇인지 생각해보고 그것 하나에만 집중하자. 예를 들어 얼굴에 스트레스받지 않기, 가족에게 추앙받기, 면접시험에 장애 요소가 되지 않기, 얼굴로 팔자 바꾸기 등등 말이다.

둘째는 완벽한 얼굴도 없고 완벽한 만족도 없다는 것이다. SNS 인플루언서들도 각자 말 못 할 고통이 있다. 멋있는 사진 1장, 쇼츠 1편을 올리려고 그가 얼마나 많은 것을(세팅하고 찍고 편집하고 업로드하는 등) 소모하고 있는지 보는 사람은 모른다. 남의 허세에 아까운 내 시간과 에너지를 낭비하고 있는 것은 아닌지 돌아보자.

또 얼굴은 계속 변하기 때문에 완벽한 만족은 없다. 늘 뭔가 크고 작은 변화가 생긴다. 만족이라는 것 역시 결국 여러 감정 중 하나일 뿐이고 감정은 늘 바뀐다. 중요한 것은 내가 어떤 기준을 가지고 문제를 해결할지 결정하는 것이다. 그 기준의 중심에는 타인이 아닌 나의 선택과 판단, 나의 즐거움과 편안함이 굳건하게 자리 잡고 있어야 한다.

셋째는 나는 특별하지 않다는 준엄한 진실이다. 여러분이 꼭 가장 예뻐야 하고, 외모에 대해 스트레스를 받지 않아야 할 이유는 없다. 외모 상위 1%가 되고 싶은가? 누구나 그렇게 되길 원하지만 사실상 불가능한 일이다. 객관적인 판단을 두루 참고한 후에 헛된 망상에서 그만 벗어나길 바란다. 우리는 모두 종 모양 정규분포의 어느 한 점일 뿐이라는 사실을 다시 한번 떠올려보라.

넷째는 나의 선택이 나를 규정한다는 것이다. 변화할 것인가? 그대로 있을 것인가? 여러분이 선택한 가치에 맞는 행동을 하면 된다. '중요하지 않은 것을 잘 거부하는 것'이야말로 인생을 잘 사는 최고의 기술이다. 여러분이 중요하지 않다고 생각해 변화하지 않기로 마음먹었다면 그것은 그것대로 존중받아야 한다. 왜냐하면 그 선택이 바로 여러분 자신이기 때문이다.

반대로 변화를 선택했다면 그것 역시 존중받아야 한다. 선택이 어렵다면 새로운 길보다는 이미 많이 경험해본 선택지 중에서 고르면 된다. 그래도 일단 변화하기로 했다면 겁먹거나 두려워하지 말고 즐겁게 도전해보기 바란다. 인생은 짧고 우리는 모두 다 죽는다.

유형		조언	수용	연결	강점	대처	변화	즐기기
KUPA	즐거운 관종	관심과 변화를 즐기고 아첨꾼을 멀리하라.		O				
KUPI	평화로운 나르시시스트	잡념 없애고 현재에 감사하고 주위를 둘러보자.		O			O	
KUNA	화려한 행동가	개성이 중요하지만, 긴장을 풀고 주위 이야기도 들어보라.	O	O	O		O	
KUNI	현실적 이상주의자	남의 시선 신경 끄고, 내가 좋아하는 일, 나를 좋아하는 사람들과 함께하라.	O	O	O			
KOPA	즐거운 완벽주의자	이건 일이 아니다! 지금 그대로 그냥 즐기면 된다.	O		O			O
KOPI	안분지족 오타쿠	고개를 들어 세상을 보고, 주위에 마음을 열어보자.		O			O	O
KONA	고뇌하는 방황가	이 또한 지나가리니, 한 템포 쉬어가자.	O	O				
KONI	선택적 개인주의자	나를 괴롭히는 것을 인정하고 괴로운 내 마음도 인정하자.	O	O	O			
BUPA	사회적 꾸안꾸	피할 수 없다면 즐겨라.		O				O
BUPI	편안한 원칙주의자	옷이 날개다. 다양한 즐거움 느껴보자.					O	O
BUNA	분주한 추종자	내가 할 수 있는 한계를 정하라.	O		O	O		
BUNI	방구석 공상가	인생은 짧다. 일단 뭐라도 해라.					O	
BOPA	순응형 현실주의자	최종적인 책임은 스스로 져야 한다.	O			O		

BOPI	낙관적 자연주의자	아름다움을 추구하는 다른 사람들을 인정하라.		o	o			
BONA	외모 소시민	해도 고민, 안 해도 고민. 신중하자.				o	o	
BONI	선택적 중립주의자	연결을 유지하라.		o		o		

그림8. 페이스 코드 유형별 조언

수용과 연결, 외모로 행복해지기

나의 얼굴로, 나답게 산다는 것

미국 시카고의 성형외과 의사는 코 수술을 많이 하고, 플로리다의 의사는 지방 흡입 수술을 가장 많이 한다. 시카고에는 유대인이 많아 매부리코 수술이 많고, 플로리다 사람들은 사시사철 해변에서 핫바디를 자랑하고자 지방 흡입 수술을 많이 하기 때문이다. 한 나라 안에서도 이렇게 놈norm, 즉 기준이 다르다.

그 기준은 시간의 흐름에 따라서도 달라진다. 한국인들이 미인의 기준으로 삼았던 얼굴도, 과거에는 배우 황신혜였다면 한동안 김태희였다가 이제는 카리나로 바뀌었다(내 체감상 대체적인 선호가 그렇다는 의미다). 사실상 몽골 계통의 아시아인은 홑꺼풀에 각진 턱, 돌출한 입매가 평균이라면 평균인데, 사람들의 기대가 점점 서구적인 얼굴 쪽으로 기울면서 홑꺼풀을 쌍꺼풀로, 각진 턱을 갸름하게, 입매를 더 플랫하게 만들게 되었다.

이와 같은 놈의 이동은 개개인의 심경 변화보다는 그 사회 전체가 전쟁, 팬데믹 같은 집단적인 시련을 경험하거나 국가 간 통합이나 분리, 자본주의 유입 같은 대변혁을 겪을 때 주로 나타난다. 개인의 일생에서는 자존감이 비교적 낮은 사춘기에 작은 자극에도 큰 영향을 받는다. 마치 '쏠림 현상'처럼 특정 성형수술에 몰리기도 한다. 2000년대 초의 지방 이식, 양악 수술 돌풍이 이런 현상이었다. 최근 우리나라에 이어 중국에서도 비슷한 현상이 보이는데, 그 역시 사회의 변화와 연관되어 있다.

이 책이 제안하는 외모 인식의 유형이나 특징은 의대에서 가르쳐주는 내용이 아니다. 사실 성형수술 자체가 의대 수업 전체에서 3시간짜리 수업 한 번으로 끝난다. 당연히 미적 감각을 가르쳐주는 수업도 없다. 다른 과목들은 정상이냐 병리냐를 나누는 기준이 명확하지만, 성형외과는 무엇이 정상인지 아무도 가르쳐주지 않는다(정상, 비정상이라는 개념 자체가 성립하지 않으니까 말이다). 전공의가 되고서야 조금씩 스스로 터득하는 수준이다.

그나마 조금 도움이 되는 것은 정신과에서 배우는 '신체장애' 부분이다. 아픈 것도 신체장애이지만, 자신의 몸을 어떻게 인식하고 어떻게 반응하느냐 하는 것을 정신과 수업에서 배울 수 있다. 큰 사고를 겪은 환자들이 외상후스트레스장애로 고통받을 때 원인에는 외모 인식 문제도 포함되기 때문이다.

페이스 코드는 내가 30년 동안 환자들을 지켜보고 상담하면서 경험한 것들을 토대로, 외모에 관해 무엇이 괴로운지를 규명하고, 뭔가 불균형적인 것이 있다면 바로 잡아서 각자 자신이 지향하는 바를 이루도록 돕기 위해 만들었다. 한마디로 "나는 무엇을 좋아하고, 어떤 자극에 어떻게 반응하는 사람일까?"를 자세히 알아보자는 것이다. 쉽지 않겠지만 이 질문에 더 자세하게 답할수록 나의 'P코드'에 가까워진다.

앞에서 여러 번 강조했듯이 결국 P코드, 플레져 코드를 알아내는 게 핵심이다. 외모뿐 아니라 공부도 그렇고 인간관계도 그렇다. 나는 자주 '나의 P는 뭘까?' 하는 질문을 마음속으로 해본다. 예를 들어 친구를 만날 때 '나는 왜, 무엇이 즐거워서 이 친구를 만날까?'를 생각해본다. 마음이 편해서, 공감을 잘해주어서, 관심사가 비슷해서 등 여러 이유가 있겠지만, 생각해보니 내가 자주 만나는 친구들은 나에게 뼈 때리는 농담을 잘하고 지적인 자극과 영감을 많이 준다. 나는 몰랐던 것들을 알게 될 때 그 만남이 특히 즐거웠던 것이다. 독자 여러분도 일과 인간관계, 더 나아가 인생에서 자신만의 P코드를 꼭 찾아보시기 바란다.

일에서 가장 큰 기쁨의 원천은 환자다. 수술 덕분에 이후 삶이 행복해졌다는 환자의 말 한마디, 움츠렸던 어깨를 펴고 활기차게 걸어가는 밝은 뒷모습에서 나는 거의 무한대의 기쁨을 느끼곤 한다. 사업적인 성공이나 확장도 의미 있는 일이겠지만, 개인적으로는 환자들에게 기쁨을 주는 일에서 가장 큰 보람과 즐거움을 느낀다. 지난 시간은 나만의 P를 나의 '라이프 워크'로 만들어온 30년이 아니었을까?

참고로 '라이프 워크'는 일본 작가 다카하시 아유무가 《러브 앤 프리》라는 여행 에세이에서 소개한 개념이다. 말 그대로 '일생의 일'이다. 내가 좋아하는 일을, 내가 좋아하는 속도와 방식으로, 내 일생을 걸고 하는 것이다. 좋아하는 일이므로 당연히 진심이다. '천직'이나 '미션'과도 비슷하다. 어쨌거나 내 일생을 걸고 하는 일이니만큼, 그 일을 하는 동안 내가 살아 있다는 느낌을 받는다.

레지던트 수련을 마치고 30년 넘게 성형외과 의사로 살았다. 서울아산병원 교수를 10년쯤 하다가 개원한 후에 나 자신의 정체성에 대해서도 많은 고민을 했다. 청담동의 미용실 원장과 나는 어떻게 다른가? 아산병원의 교수와 나는 같은 의사인가? 궁극적인 답은 환자에게서 찾을 수 있었다. '외모로 인한 고통에서 벗어나 행복을 주는 일'이 나의 '라이프 워크'였다.

사실 개업할 때 꿈이 하나 있었다. 얼굴 뼈 수술을 세상에서 제일 많이 해본 의사가 되어서, 수술 사례 슬라이드를 5박스 가지고 다니면서 전 세계 의대에서 강의를 해야겠다고 생각했다. 강의 역시 나에게 기쁨을 주는 일이기 때문이다. 이 책을 쓰게 된 이유도 같다. 언젠가 수술과 병원 경영에서 손을 놓을 때, 그때부터는 내가 가진 지식을 나누면서 환자에게서 얻는 기쁨을 독자들로부터도 얻고 싶다는, 다분히 이기적인(?) 생각에서 집필을 시작했다.

외모와 관련된 고민과 어려움은 누구에게나 부담스러운 주제다. 나 역시 무척 조심스럽다. 성형외과 병원 문 앞에서 얼마나 많은 사람이 오랜 시간 고민했을까, 얼마나 많은 가정에서 부모와 자녀들이 외모 문제를 이야기하고, 또 그 과정에서 얼마나 많이 갈등했을까 헤아린다. 하지만 그저 가만히 지켜보며 모든 일이 잘되기만 바랄 수는 없다고 생각했다.

우리는 이제까지 가정에서도, 유치원이나 초등학교에서도 올바른 자기 외모 인식에 대해 한 번도 제대로 배운 적이 없다. 하지만 이제라도 페이스 코드를 통해 진정한 자기 발견과 마음의 평화를 가져보길 기원한다. 외모와 관련된 고민은 개인적인 문제이기도 하지만 사회적인 문제이기도 하다. 외모 그 자체만이 아니라 사회적 시선이 투영된 콤플렉스로서 이해해야 하는 문제이기 때문이다.

마지막 문장까지 원고를 완성한 후에 한강진역 뒷거리로 나가 산책을 했다. 따가운 여름 햇살 속에서 거리를 지나는 사람들이 보였다. 알록달록 예쁘고 멋진 모자들이 보였고, 모두 어쩜 이렇게 잘 어울리는 모자들을 썼는지 감탄이 나올 정도였다. 그늘 없이 밝은 얼굴들이 물기를 머금고 반짝였다. 내 걱정과 달리 거리의 젊은이들은 자기 외모에 자신감을 가지고, 자신을 사랑하고 지금을 만끽하며 즐겁게 살아가고 있었다. 속마음은 불안하고 복잡할지 몰라도, 무한한 가능성을 가진 시절에만 드러나는 밝은 빛이 쏟아져 나오는 듯했다.

1년이 넘는 시간 동안 글을 쓰는 데 많은 도움을 준 김현수 부장님과 일일이 열거할 수 없는 많은 분께 감사를 드린다.

참고문헌 및 출처

1. https://kormedi.com/1657320/?utm_source=taboola&utm_medium=taboola-push

2. https://www.gallup.co.kr/gallupdb/reportContent.asp?seqNo=1097

3. https://www.donga.com/news/article/all/20211022/109841887/1

4. 《진정한 행복의 7가지 조건》, 채정호, 2023년, 인플루엔셜

5. https://www.bntnews.co.kr/article/view/bnt202502270002

6. 《1만 시간의 재발견》, 안데르스 에릭슨, 로버트 풀, 2016년, 비즈니스북스

7. 〈Psychosocial Changes after Cosmetic Surgery: a 5-Year Follow-Up Study〉 (von Soest et al., 2011), https://pubmed.ncbi.nlm.nih.gov/21866003/

페이스 코드

2025년 1월 14일 초판 1쇄 발행

지은이 박상훈
펴낸이 이원주

책임편집 김유경 **디자인** 진미나
기획개발실 강소라, 강동욱, 박인애, 류지혜, 고정용, 이채은, 최연서
마케팅실 양근모, 권금숙, 양봉호 **온라인홍보팀** 신하은, 현나래, 최혜빈
디자인실 윤민지, 정은예 **디지털콘텐츠팀** 최은정 **해외기획팀** 우정민, 배혜림, 정혜인
경영지원실 강신우, 김현우, 이윤재 **제작실** 이진영
펴낸곳 (주)쌤앤파커스 **출판신고** 2006년 9월 25일 제406-2006-000210호
주소 서울시 마포구 월드컵북로 396 누리꿈스퀘어 비즈니스타워 18층
전화 02-6712-9800 **팩스** 02-6712-9810 **이메일** info@smpk.kr

쌤앤파커스(Sam&Parkers)는 독자 여러분의 책에 관한 아이디어와 원고 투고를 설레는 마음으로 기다리고 있습
니다. 책으로 엮기를 원하는 아이디어가 있으신 분은 이메일 book@smpk.kr로 간단한 개요와 취지, 연락처 등을
보내주세요. 머뭇거리지 말고 문을 두드리세요. 길이 열립니다.